パスカル・ドゥテュランス
田中訓子 訳

ヨーロッパ
紋切型小事典

AからZの煌めき

作品社

ヨーロッパ紋切型小事典

―AからZの煌めき―

ラキス・プロギディスに

「私が抱いている深い確信、それはヨーロッパの思弁的意識における言葉と世界との関係の断絶が、ヨーロッパの極めて稀な真の精神革命の一つを形成しているということだ。」

ジョージ・スタイナー『真の存在』

はじめに

présentation

ヨーロッパ！　ヨーロッパについては、すでにすべて言い尽くされたのではないだろうか。その歴史、その役割、その文化について。今日、ローマからアテネ、ウィーンからリスボン、あるいはパリからロンドンまで広がるヨーロッパの風景は、かつて一地方の風景がそうであったように、慣れ親しんだものとなっている。その顔ぶれ、ニーチェの言葉を借りるなら「良きヨーロッパ人」と呼ばれる人々も、まるで家族の一員と思われるほどよく知られるようになった。私たちにとってモーツァルト、シェークスピア、ラファエロは、はるか彼方の天才ではなく、私たちの祖先なのだ。そしてその数々の言語は、そのためにラテン語やギリシャ語の勉強がおろそかになることがあるとしても、私たちがそれらを懸命に学ぶようになってからは、もはや乗り越えるべき障害というよりは、発見すべき宝物のように思われる。

二一世紀初頭、私たち幸福なヨーロッパ人はここまで来ている。ヨーロッパは紆余曲折を経ながらも一つになろうとするかのように、日に日に私たちに近づいている。この比較的穏やかな時代には、すべてがうまくいっているように見える。シラーとベートーヴェンの歓喜の歌が、ついに私たちの文明の集大成を称える。しかしながらこの紛れもない事実にも用心したほうがいい。なぜならそれは見せかけのものだからだ。最もよく知っていると思い込んでいるものこそ、たいていの場合理解できていない。私たちが確かな知識を持ち、理性に基づいた観念を操作している、つまり自分たちのものである文化の中を自由に動き回っていると思い込むのは間違っている。熱狂が懐疑に取って代わられたヨーロッパのこの時代においても、私たちはやはり、型にはまった表現、古めかしい素朴なイメージ、心地よい偏見によって生きているのだ。私たちはヨーロッパについて実のところ何を知っているだろう。ヨーロッパについてはどんなことでも言えるし、その反対のことも言えてしまうのだ。従って今こそ古典と称される作品群を再検討し、一冊の百科事典を編むべきときなのだ。

皮肉屋のフロベールは、言葉の意味を知るよりはむしろ決まりきった意味を忘れたい人のための辞書を考案した。『紋切型辞典』の中では、猫は猫ではなく、すべての語は一つの現実ではなく、一つの陳腐な考え、一つのうわさ、一つの幻想を表している。それぞれの語は新しい一つの意味を受け取る。言葉はパンドラの箱となり、そこからあらゆる潜在的な意味が飛び立つ。それではヨーロッパは？　ヨーロッパもまた、信じられているようなものではない。ヨーロッパ中に伝播して、ついには真の姿を覆い隠すほど堆積したヨーロッパについての決まり文句の集成で要約できるようなものではない。ヨーロッパは洗練されていることを望まれもすれば、野蛮だと非難されもする。傲慢だと思い込まれもすれば、屈辱を受けているように見られもする。幸福で輝くばかりだと言われもすれば、地獄のように描かれもする。

ヨーロッパについての概念と評価の全体的な見直しの時期が来ているように思われる。というのもヨーロッパについて言われていることは、断言というよりはほとんど信仰、描写というよりは願望、既成事実というよりは固定観念の集合のようなものだからだ。ヨーロッパについての偏見を洗いざらい告発するつもりなど全くない。これは何かドン・キホーテ風の、少しばかり常軌を逸した企てかもしれない。しかしなすべきことが一つある。おそらくより不寛容で同じようにむなしくはあるがより必要なこと、つまり私たちが取り交わしているヨーロッパについての言説、イメージ、それらすべての無意識の記号の調査目録を作成することだ。ヨーロッパを定義しているつもりで、あらわになっているのは私たちの本心だ。私たちは私たちの世界について語るとき、すべてを制御できるわけではない。世界が私たちにとって親密であるだけにいっそう制御できないのだが、まさしくその影の部分が私たち自身を暴き出すのだ。だから私たちのヨーロッパ空想美術館の回廊に沿って、これから続くページの中を散歩することにしよう。

　モンテスキューが登場人物たちに「どのようにしてペルシャ人になるのだろう」と自問させてから三世紀が経とうとしている。私たちはこの質問を私たちのものとして継承し、今度は自分たちに問い質したい。「どのようにしてヨーロッパ人になるのだろう。」もちろんヨーロッパについての知識を持つことによってだろう。しかしさらにこの知識から、埃を取り払わなければならない。そしてそのためには、おびただしい量の固定観念を取り除かなければならない。とんでもない思い上がりだろうか。そんなことはない。ずっと以前に物理学と人文科学によって、観察者は観察の外に留まることはできないこと、すなわち自分が検討する偏見や点検する紋切型から、自分自身が解放されることは決してないことを私たちは学んでいるのだから。運命の皮肉。すべての幻影を一刀両断にすることを願いながらも、人はすぐさま自分自身が幻想を抱いていることを知るのだ。

　だからこの小さな事典に教訓的な狙いを期待しないでほしい。ここにあるのは訂正したり非難したりするためのものではない。すべては私たちのヨーロッパ観と戯れるためのものだ。また、ここから立派な学識を得ようなどと思わないでほしい。うまくいけば図版の後ろに隠れているものや、言葉の下で沈黙しているものの面白さを味わってもらえるだろう。A《amoureuse》（恋愛の）からZ《zélée》（熱意あふれる）まで、それはヨーロッパの全アルファベットであり、ヨーロッパの色彩の全スペクトルであり、ヨーロッパの文化と心性のあらゆるラインナップであるのだが、モリエールが喜劇について言ったように、風俗を懲らしめはするが楽しみながらということを忘れずに、それらを辿ることにしよう。

いったいあなたのヨーロッパとはどんなものか。ヨーロッパはここで文章で述べられ、カラーの図版で提示されるのだから、あなたはあなたのヨーロッパを必ず選択できるだろう。古代から現代の、最も偉大な画家と作家の案内によって。

恋愛の

amoureuse

若く美しい王女エウロペは、誘惑するどころか何も愛さない。しかし、エウロペは人を魅了する。神々の神であるゼウスは、エウロペに偉大なヒロインたちの運命を用意した。確かに、悲劇的な方法で。絶対の情熱においては、愛と犠牲は一つでしかない。しかし何と彼女は愛することか！　そして何と人々は誉め称えたことか、この神話的あるいは政治的なエウロペを！　詩的高揚から生まれた偉大なヒロイン、エウロペは平和と自由と普遍的和合のアレゴリーになる。どんな予言も立派すぎることはない、壮麗さと華々しさに満ちあふれた飛翔ほど、エウロペにふさわしいものはない。愛し愛される、つまり詩人たちはヨーロッパを恋愛事件にしたのだ。

「二〇世紀には一つの並外れた国家が存在するだろう。
その国家は広大だが、そのことは国家が自由であることを妨げないだろう。
国家は誉れ高く、豊かで、思考力を持ち、平和を好み、友好的であるだろう。
その国家、それはヨーロッパと呼ばれるだろう。
それは二〇世紀に、そしてその後何世紀にも渡ってヨーロッパと呼ばれるだろう。
さらに輝きを増し、それはユマニテと呼ばれるだろう。

ユマニテ、最終的な国家、すでに今、思想家たち、これら薄明かりの観察者たちがおぼろげに見ている。

何と荘厳な光景！

私たちがいるこの瞬間にも、文明の胎の厳かな懐妊が見てとれる。一つのヨーロッパがそこから芽生える。一つの国民が孵化しようとしている。深部にある受胎した進歩の卵巣が、すでに明瞭な形を持っている未来を宿す。未来の国家が、現在のヨーロッパの中で、爬虫類の幼虫で羽を持つもののように、ぴくぴく動いている。

来たる世紀には、ヨーロッパは二つの羽、一つは自由、もう一つは意思でできた羽を広げるだろう。

武器を手放す日がやって来るだろう。

今日、ルーアンとアミアンの戦争がばかげていてあり得ないのと同様に、パリとロンドンの、サンクトペテルブルクとベルリンの、ウィーンとトリノの戦争がばかげていてあり得ないようになる日がやって来るだろう。

フランス、ロシア、イタリア、イギリス、ドイツ、ヨーロッパ大陸のすべての国が異なった特性や輝かしい独自性を失うことなく、より高度な統一体の中に溶け合い、ヨーロッパの連帯感を作り上げる日がやって来るだろう。

交易に開かれた市場と、思想に開かれた精神以外には、もはや戦場は存在しない日がやって来るだろう。

砲弾や爆弾が、諸国民による投票や普通選挙、イギリスにおける国会、ドイツにおける連邦議会、フランスにおける立法議会であるような、ヨーロッパにおける最高権限を有する議会の尊ぶべき裁定に取って代わられる日がやって来るだろう！

今日、拷問器具を博物館に展示するように、大砲を博物館に展示して、こんなものがあったとはと驚く日がやって来るだろう！

アメリカ合衆国とヨーロッパ合衆国という互いに向かい合って位置する二つの巨大な集合体が、海を越えて手を差し出し、生産物や商業や産業や芸術や天才たちを交換するのを見られる日がやって来るだろう。

そしてその日が到来するのに四百年もかからないだろう。というのも我々は、急速な時代、諸国民を巻き込んできた事件と思想の最も激しい奔流の中で生きているのであり、我々がいる時代は、ときには一年が一世紀もの業績をなし遂げるのだから。

それではフランス人、イギリス人、ベルギー人、ドイツ人、ロシア人、スラヴ人、ヨーロッパ人よ、我々はこの偉大な日に一日でも早く達するために何をすべきなのか。

互いに愛し合うことだ。

互いに愛し合うこと！　平和の実現という広大無辺な仕事におけるこの崇高な目標。

互いに愛し合うこと！　未来を燃え上がらせるために揺さぶる松明のように。

鉄道のおかげで、ヨーロッパはまもなく中世におけるフランスほどの大きさになってしまうだろう！　蒸気船のおかげで、今では昔地中海を横断したよりも容易に大洋を横断できる！　人類はまもなく、ホメロスの神々が天を駆け巡ったように地上を駆け巡るだろう。あと何年かすれば、和合の電線が地球を取り巻き、世界を抱きしめるだろう。我々は、アメリカ合衆国が新世界に君臨しているように、旧世界に君臨することになる偉大なヨーロッパ合衆国を持つだろう。

我々は征服の精神の代わりに、発見の精神を持つだろう。我々は皇帝たちの冷酷な連帯感の代わりに、国々の寛大な連帯感を持つだろう。我々は国境のない祖国、無駄のない予算、税関のない交易、愚鈍化のない教育、軍隊のない青春、戦闘のない勇気、死刑のない法廷、ドグマのない真理を持つだろう。

おぞましい文明の結紮《けっさつ》は解け、人類と至福という二つの海を隔てている恐ろしい地峡は断ち切られるだろう。世界には光の洪水が降り注ぐだろう。

それではこの全き光とは何だろう。

それは自由だ。

それではこの全き自由とは何だろう。

それは平和だ。」


ヴィクトル・ユゴー「パリにおける平和会議の演説」(一八四九年八月二一日)

どのような家族にも、しばしば最良の家族にさえ、反抗的な者がいる。そんなわけでヨーロッパという家族の中にも、心配性の者、不平不満の絶えない者がいる。彼らは皆、私たちの文明は未来へと向かうどころか、すでに過去のものであると固く信じている。もはや未来に栄華はなく、それは今や思い出にすぎない。継承者がやっかいなものと感じ、相続したがらないこともあるのだから。おそらく単に、昔ながらの幸福感の誘惑に負けないヨーロッパ論を展開することができないだけではない。それではヘーゲルにとっての歴史のように、ヨーロッパ精神は過去に属するものなのだろうか。私たちは永遠に消え去った文化、一八世紀に最後に灯された光によって輝いた文化への郷愁の中で生きていくのだろうか。時代錯誤のヨーロッパ精神という幻想には用心しよう。そういった幻想は、私たちを未来に背を向けて歩ませる。

「ダンテ、シェークスピア、ゲーテ、この三つの名は今日、互いにとても似通っている。この三人は、それぞれの方法によって一人の人間に凝縮された西洋の精神世界として理解することができる。最後にゲーテが、独創的な創造の中でこの伝統を総括することができた。しかしすでにヨーロッパ精神の基盤は、最初の地震の振動によってぐらついてしまっていた。伝統全体が最初の亀裂を負っていた。ゲーテはまさに崩壊の始まっていた世紀に、建設的で普遍的な作品を創造した。［……］しかし、もしゲーテが一人の偉大な個人の中への最後の西洋の精神世界の凝縮を体現しているとしたら、彼はドイツの詩人ではなく、ドイツの詩人以上の存在だ。彼はヨーロッパのすべての精神遺産に固く結びついている。彼はホメロスの、ソフォクレスの、プラトンの、アリストテレスの、ウェルギリウスの、ダンテの、シェークスピアの隣に位置する。彼は自分がこの系譜に属するという意識を強く持っていた。《先祖》に対する敬愛、昔の《偉大な人々》と過去の人々の感情に対して覚える親密さ、《巨匠たち》の王国が存在し、そこに自分の席があるという確信――彼の精神の極めて独創的でめずらしいこの特徴は、今、さらに深い意味を持つ。シェークスピアは何千年にも渡るこの連帯の意識を持たなかった。ダンテはラテン語の作家としか連帯していると感じていなかった。この意識はゲーテにとっては彼の使命の正当化であり確認であった。」

エルンスト・ローベルト・クルツィウス『ヨーロッパ文学評論集』（一九五〇年）

黙示録の

apocalyptique

何とヨーロッパ人は大惨事が好きなことか！　そして何と争乱を好むことか！　もしヨーロッパ人が、文明が絶えず脅かされていることを知らないとしたら、自分たちの文明にこのような価値を与えるだろうか。文化が消滅しつつあると常々考えていないとしたら、自分たちの文化にこれほどの重要性を認めるだろうか。黙示録はもはやヨーロッパのためにこの世の終りを告げることはない。黙示録はもはや歴史の意味を明かすことはない。戦争もないし平和もない。ヨーロッパ人は最後には自分を破壊するものとともに生きることを受け入れなければならなかった。放火犯、彼は自分自身の炎で燃える。

「現在の生活は根源から汚染されている。我々に必要なのは精神分析ではない。おそらく兵器によって引き起こされる未曾有の大惨事のおかげで、我々は健康を取り戻すだろう。窒息ガスが十分でなくなったとき、すべての同胞に似せて作られた一人の人間が、この惑星上の小部屋の奥で、比類のない爆発物、それに比べれば現在使われている爆発物など無害のおもちゃに見えるような爆発物を発明するだろう。そしてこれもまたすべての同胞に似せて作られてはいるがわずかにより病んでいる別の人間が、この爆発物を盗み出し、爆発の作用が最大限の強度に達する場所に爆発物を設置するために、地球の中心地点によじ登るだろう。誰一人聞くことのできない巨大な爆発が起こり、地球は混沌の状態に戻り、天空をさまよい、寄生生物と病人は一掃されるだろう。」

イタロ・ズヴェーヴォ『ゼーノの意識』（一九二三年）

貴族的な

aristocratique

ヨーロッパを誹謗する奴らが何だ！　過去の反ヨーロッパ主義を二〇世紀とその自己懲罰癖の思い出と見なすことができるだろうか。結局一つの文明とは、人間と、文明に意味を与えるために利用した思想との総体でもある。ヨーロッパをけなすこと、それは私たちがその上に二千年以上も前から座っていた枝をのこぎりで挽くことである。ヨーロッパを糾弾すること、それはマゾヒスティックな欲動を満足させることである。人はいつも悪口ばかり並べていることはできない。最も辛辣な皮肉を綴る作家でさえ、一時休止しなければならなかった。人が望もうと望むまいと、ヨーロッパの偉大さというものがある。

「すでにずっと以前からキリスト教のヨーロッパ（ロシアを除いて）は、いくつもの国家に分かれている大きな共和国のようなものと見なされていた。君主制の国家もあれば混成の国家、つまり貴族が政治に参与するものもあれば民衆が参与するものもあるが、しかしすべての国家が互いに連絡を取り合い、いくつも宗派に分かれているとはいえすべてが同じ宗教的基盤を持ち、さらにすべてが同じ政治的原則を持っていた。つまりヨーロッパの国々は囚人を決して奴隷にせず、敵国の大使にも敬意を払い、大公や皇帝や王やその他の弱小の専制君主に対しても高位といくつかの権利を同時に認め、とりわけ国家間の勢力のバランスの均等をできるかぎり維持するための賢明な政策に合意し、戦争の最中でさえ交渉を続け、そして互いの国に大使あるいは多少ともいかがわしいスパイを配し、一つの宮廷の目論見をすべての宮廷に知らしめ、ヨーロッパに警戒を呼びかけ、強国が常に企てている侵略から弱国を守ることができるようにしていた。」

ヴォルテール『ルイ一四世の世紀』（一七六一年）

時代遅れの

arriérée

西洋世界に蔓延している西洋の祖母であるヨーロッパという空想をやめるには、どうすればいいのだろう。過去の何世紀かが私たちに描いて見せたヨーロッパの肖像は、ヨーロッパを人類の最古参としてではないにしても、時代遅れの洗練を身につけ、確かに敬うべきではあるが、うさんくさい冷ややかさも併せ持つ年配の気取った婦人として表現している。彼女のところではすべてがややこしくなっていて、ついには少しばかり息苦しくなる。彼女の娘や孫娘たちのところでは何とずっとくつろげることか！　そこでは少なくとも絹織物や深紅と金色の壁掛けで囲まれた客間もなければ、小うるさい規則もない。西洋という観念そのものと同じくらい古いこの幻想に注意しよう。祖母から現在の子孫まで、それは同じ一族で同じ精神なのだ。深部で何が起こっているかを理解するには、表面を引っ掻いてみるだけでいい。

「西洋にはヨーロッパ、北アメリカのほかに、オーストラリアやニュージーランドのようにヨーロッパ人が住みついた国々が含まれる。しかしながら西洋の二つの主要部分、ヨーロッパと北アメリカの関係は時代とともに変化した。アメリカ人はその歴史の大半を通じて、自分たちの社会をヨーロッパと対照的なものとして定義してきた。アメリカは自由と平等の地であり、そこではすべてが可能になった。アメリカは未来を体現していた。ヨーロッパはと言えば、抑圧、階級闘争、階層、旧弊を象徴していた。アメリカは独自の文明を作っているとさえ主張されていた。アメリカとヨーロッパを対比させるこのような考えが生まれたのは、少なくとも一九世紀末までは、アメリカは西洋の文明以外の文明との接触をほとんど持たなかったからである。

しかしながら世界の舞台に合衆国が登場するや否や、ヨーロッパとの一体感が高まった。一九世紀のアメリカは自らをヨーロッパとは異なる、ヨーロッパに対立するものと感じていた。二〇世紀のアメリカは自らをヨーロッパ的であり、そしてもちろん、ヨーロッパを含むより広大な存在である西洋のリーダーであると定義している。」

サミュエル・ハンチントン『文明の衝突』（一九九六年）

アジアの

asiatique

私たちはいつ、ヨーロッパの起源の話に決着をつけたのか。英雄や派手な見せ場、もったいぶった格言が満載の、最も無邪気なものから最も巧妙なものまで、それらの話を何度聞いたことだろう！　結局、ローマとアテネの大陸は、モスクワとムンバイと北京からなる大陸のちっぽけな岬をなしているにすぎず、加えてその大陸の名はフェニキアの王女に負っているという二つの理由から、ヨーロッパはその起源をアジアに持つ。ロバート・グレイヴスを筆頭に、ヨーロッパを専門とする偉大な神話学者たちは皆、無駄骨を折った。ヘシオドスとホメロスから彼らの後継者まで、ヨーロッパの起源に関して述べられた仮説を並べ上げていったらきりがないだろう。最も大胆な理論から最も気ままな戯言までが張り合っているのだから。神秘の深みと夢想の美を持つ起源にこだわるほうがより賢明で、さらによりずっと心地よいことではないだろうか。

「ヨーロッパについては、誰もそれが海に囲まれているのかどうか知らない。我々の大陸の名の起源について、この大陸に名を与えた人物については、この地方はその名をテュロスの女エウロペから得たという以外は何も明らかでない。そうであるならヨーロッパも他の大陸同様それ以前には名前がなかったこととなるだろう。しかしこのエウロペはアジア出身であること、そして彼女は、ギリシャ人が現在ヨーロッパと呼ぶこの土地には決してやって来なかったということは確かなのである。彼女はフェニキアからクレタを通過したにすぎず、そして後に、クレタからリュキアに行った。この点についてはこれで十分だ。我々はこの点に関しては、すでに容認された考えをよしとする。」

ヘロドトス『歴史』(紀元前五世紀)

野蛮な

barbare

真の野蛮人は誰だろう。そして彼らはどこに潜んでいるのだろう。「私は他者だ。」ランボーは敢えてそう言った。しかし他者とは私たち全員だ。なぜなら文明人から怪物までは決して遠くはないのだから。とりわけ「他者」について語るのが文明人であるときには。ヨーロッパ、啓蒙の地、最も偉大な精神の母、スピノザ、モーツァルト、ラファエロの祖国——いったい誰がヨーロッパの中に別なものを見る屈辱を受けようとするだろうか。今回だけは、うるさいことを言うのはやめにしておこう。

「あなた方は我々が搾取者であることをご存じだ。我々が《新大陸》から金や鉱物、さらに石油を奪い、それらを年老いた本国に運んできたことを。しかるべき見事な結果となった。宮殿、大聖堂、工業都市。そして経済危機に見舞われたときも、植民地の市場が危機を緩和させ、遠ざけてくれた。富で太ったヨーロッパは、ヨーロッパの全住民に対して《法律上》人間であることを認めた。ヨーロッパの人間であることは共犯者であることを意味する。なぜなら我々は皆、植民地搾取から利益を得たからである。この肥満した青白いヨーロッパ大陸は、最後にはファノンが適切にも《ナルシシズム》と名づけたものにのめり込む。コクトーは「いつも自分のことを語っている街」、パリに苛立っていた。それではヨーロッパは自分を語る以外の何をしているだろう。そしてあの超ヨーロッパ的な怪物、北アメリカは？何と饒舌なことだろう、自由、平等、博愛、愛、名誉、祖国とか。しかしそれも我々が同時に、黒人めとかユダヤ野郎とかアルジェリアのネズミとか、人種差別的な言葉を発するのをなんら妨げはしなかった。リベラルで心優しく良識ある人々、つまり新植民地主義者たちはこの矛盾にショックを受けたと主張していたが、それは思い違いか、嘘をついているのだ。我々において人種差別的な人道主義以上に筋が通っているものは何もない。なぜならヨーロッパ人は、奴隷や怪物を拵えることによってしか自分を人間とすることができなかったのだから。［……］数年前、ブルジョワの——そして植民地主義的な——解説者は西洋を弁護するのに次のような文句しか言えなかった。『我々は天使じゃない。しかし我々は少なくとも良心の呵責を感じる。』何という告白！　かつて我々の大陸は別の浮標を持っていた。パルテノン神殿、シャルトル大聖堂、人権宣言、ハーケンクロイツ。それらに今どれほどの価値があるのか、我々はよく分っている。だからもはや自分たちの罪の意識という非常にキリスト教的な感情によってしか、難破から脱出できないと思い込んでいるのだ。ごらんのように何もかもおしまいだ。ヨーロッパはどこもかしこも水浸しだ。いったい何が起こったのか。単に、我々は歴史の主体であったのが今やその客体になったということである。力関係が逆転した。非植民地化は進行中だ。我々の傭兵が試みることのできること、それは非植民地化の完了を遅らせることだけだ。」

ジャン＝ポール・サルトル、フランツ・ファノン『地に呪われたる者』序文（一九六一年）

好戦的な

belliqueuse

カッサンドラを真似ることは何の役にも立たない。おそらく戦争は元来避けることのできないものなのだろう。しかし問題は別のところにある。ヨーロッパでは戦争が求められている。けれども戦争が起こるのを避けるために何でもするような気高さが存在することは、誰もが認めている。それではなぜヨーロッパの歴史は戦争の歴史でもあるのだろう。歴史は激動についての学問であり、その専門家たちはそれらすべてを語るためにやるべきことがたくさんある。これからはより多くの分別を持って議論するために、むしろ哲学者たちを当てにすべきなのか。彼らは私たちに戦争はヨーロッパと不可分だと説いている……

「私はアジアとヨーロッパを比較してみたい、そしてどれほどこれら二つの地方がすべての点において異なっているかを示そうと思う。[……]つまりアジアは住民の性質同様あらゆる生産物の性質もヨーロッパとかなり異なっていると思われる。アジアに生えるものはすべてより美しくより大きく、気候は心地よく、住民はより温和で従順だ。その理由はまさに安定した季節にある。[……]臆病さと勇気の欠如に関しては、アジア人がヨーロッパ人よりも好戦的でなく穏やかな性質であるとするなら、それはとりわけ季節のせいである。アジアの季節は急激に寒くなったり暑くなったりせず、ほとんど感じられないくらいの変化があるのみだ。つまりそこでは精神も衝撃を感じることがなく、身体も強度の変化を被ることはない。常に一定の気温の中では、猛々しい性質にしたり不従順や激情を引き起こしたりする作用を受けることはないのである。[……]このようなことから、私はヨーロッパの住民はアジアの住民よりも勇気があると考える。永遠の単調さは怠惰を育む。変化の多い気候は身体と精神を鍛錬する。ところでもし休息と怠惰が臆病さを培うのだとしたら、鍛錬と労働は勇気を培う。ヨーロッパ人はこのような理由と社会体制の影響でより好戦的なのだ。というのもヨーロッパ人はアジア人のように王によって統治されているのではないからだ。王権の支配下にある人間には必然的に勇気が欠けている。」

ヒポクラテス『空気、水、場所について』(紀元前五～四世紀)

幸運な

chanceuse

ヨーロッパ人であることは何という幸運！　私たちを羨ましく思わない人がいるだろうか。ヨーロッパは神々に祝福され、私たちの道徳論はすべて、この特別な身分を享受することを学ぶべきだと説いている。もしわずかなものしか所有していないのなら、そのわずかなもので満足することができるように。もし多くを所有しているのなら、分け与えることを学ぶように。万事申し分なくうまくいっている。気候が変化に富んでいる分、風景もそれぞれ対照的で、人々もまた様々だ。ここではすべてが幸福のために作られ、調和のために配置され、美のために整えられている。理想の世界という決まり文句、私たちがそれを常に私たちから遠くへと締め出していたなんて、とんでもない。ヨーロッパは和合の地と見なされることを拒否することも、完璧な人間の役割を演じることを拒絶することもなかった。望みうる最高の世界であるという主張を嘲笑する（あるいはその危険を懸念する）こともできる。しかしたとえ束の間であっても、勝負に挑む賭博師のように、私たちに割り当てられた幸運を夢見ずにはいられない。

「私は暇な時間を、ニーブールの『アラビア紀行』とヴォルネーの『シリア・エジプト紀行』を読んで過ごしました。現代の一連の不愉快な政治的事件を目にしてやる気を失いそうになっている人たちに、ぜひともこれらの本を読むことを勧めます。というのもこれらの本を読むと、ヨーロッパに生まれたという幸運をしみじみ感じることできるからです。人間の中の活発なエネルギーであるところのものは世界のあまりにも狭い部分でしか使われておらず、あれほど膨大な数の住民たちが人類の進歩において全く何の役割も果たしていないということは、本当に信じ難いことです。それよりもさらに驚いたことは、あれらの国民、一般に非ヨーロッパ人は皆、誰であろうと、道徳的能力だけでなく芸術的能力も完全に欠いているということです。彼らの中に写実主義や理想主義を認めることはできますが、しかしこの二つの知的な才能が混ざり合って人間味のある美しい形を生み出すのを、どこにも見ることができないのです。」

シラー「ゲーテへの手紙」（一七九八年一月二六日イエナにて）

架空の

chimérique

結局のところヨーロッパとは何か。私たちはヨーロッパについて正確には何を知っているのだろう。どう考えても、ヨーロッパが今日の社会で議論の対象になればなるほど、ヨーロッパは抽象的な存在になっていくとしか思えない。日に日に馴染み深いものとなるどころか、ヨーロッパは私たちから離れていくようだ。ここから私たちヨーロッパ人の欲求不満が生まれる。ヨーロッパに近づくにつれて、美しい幻影のように、ヨーロッパは私たちから遠ざかる。どこにも収まらず、いつでも身を隠す。ある人々にとってはヨーロッパは政治の問題であり、他の人々にとっては民族の問題である。こちらではヨーロッパはより存在感があることを望まれ、あちらではその方針が拒絶される。一方ではヨーロッパを召集し、他方では召還する。結局私たちが真にヨーロッパに期待していることは何なのか。私たちはこれからもずっと、風車を巨人と思い込んだドン・キホーテなのだろうか。そしてもし、もはや誰もヨーロッパについて語る権限がないとしたら……

「ヨーロッパ！　もともと直接的には地理的なものであったこの概念は、魔法によって形而上学的なカテゴリーに変えられてしまった。今日、誰がヨーロッパとは何であるかを知っているだろう。」

ウナムーノ『生の悲劇的感情』（一九一三年）

ヨーロッパには（今でも）神の居場所があるのだろうか。黄金時代にはこの問いは何の意味もなさなかったろうし、問い自体が発せられることもなかったろう。勝ち誇ったヨーロッパ、gratia Deo（神の御加護で）。近代の到来以来、意見の一致を得られないのを恐れて《ヨーロッパのアイデンティティ》について語るのをためらうようになってから、この問いの効力はさらに強まった。ヨーロッパの基盤の一つであるキリスト教と無関係に、ヨーロッパについて語ることができるだろうか。ギリシャ・ローマの遺産、人権宣言と恒久平和計画、それらのすばらしさはいつまでもヨーロッパ文化の中に燦然と輝き続ける。確かにその通りだ。しかし二〇〇三年、ヨーロッパ憲法草案作成の際、国立政治学財団が「社会機構の非宗教性を全面的に尊重しつつ、ヨーロッパ中のキリスト教徒の意見に耳を貸してみる」のも有益ではないかと考えたほど、その様々な草案がキリスト教の遺産の影響をすべて排除してしまったのはどうしてなのか。

「ヨーロッパが最も偉大なのは、ほとんどヨーロッパだけが真の神の認識を持ち、少なくとも南ヨーロッパや西ヨーロッパでは、偶像崇拝や迷信と混同することなく神を崇拝し、キリスト教への信仰を敬虔に表明しているからである。その結果、ヨーロッパは地上の他の国々以上に富と宝物を得て隆盛を極めるとともに、あらゆる世俗的な崇拝から浄化された宗教を標榜することによって大いなる名声を博しているように思われる。というのもキリスト教徒の中にローマ教会の真の信仰に逆らう様々な宗派や異端が存在していても、そのことで唯一の真の神の認識から遠ざかることはないからである。」

ピエール・ダヴィティ『新世界劇場』（一六五五年）

文明化した

civilisée

言うまでもないが文明人、それは私たちだ。ヨーロッパの岸辺を離れ、ヨーロッパの境界を越えると、無知と悪徳と野蛮の地が延々と広がっている。あるいはその逆のこともある――お好み次第だが。結局それぞれ意見はあるだろうが、どちら側につくかなど、どうでもいいのだ。区別することによってヨーロッパについての定義は変わってくる。重要なのはそのことだ。すべては区別するという原則に基づいている。そして文明化した世界は、そうでない世界に道を譲るために停止する。境界のどちら側にヨーロッパを位置づけようか。

「気をつけよう！　ヨーロッパは世界の一部分だが、そこにシャルトル大聖堂が、ミケランジェロが、シェークスピアが、レンブラントが、相次いで現れたのだ。それらの存在を我々は否認するだろうか、どうだろう。するわけがない！」

アンドレ・マルロー『征服者』後記（一九四九年）

植民地主義の

colonialiste

ヨーロッパは、もはやかつての植民地について語るのを好まない。しかし、以前はどれほど好んだことだろう！　ヨーロッパが領土獲得の野望に芸術を奉仕させることに何ら危惧することがなかったのは、それほど昔のことではない。ヨーロッパは立派になったつもりでいたので、やがてこうした偉大さを激しく弾劾することになろうとは思ってもみなかった。ヨーロッパと植民地帝国という概念との関係は、破綻した関係である。この時代の強烈な東洋趣味が表れている象徴的な絵、モローの「エウロペの略奪」における今はなき壮麗さを見てほしい。エウロペはアッシリアの女王か、勝ち誇ったアマゾネスと見間違えるほどだし、ゼウスはと言えば、光り輝いた顔にスフィンクスでもありキリストでもあるかのような表情を浮かべている。いったい何を意味しているのか。このお決まりのイメージをもう少し仔細に検討しなければならない。一八六七年にパリで開催された万国博覧会は、世界におけるヨーロッパの勝利を祝った。しかしこの尊大な目つきのエウロペは、海の向こう岸から自分の土地に到着してここにいるのだ！　この威圧的なエウロペはその帝国を東洋まで、モローの作品の中にこんなにも強く存在するこの幻想的な東洋まで拡大した。しかしこの現実の土地でもある東洋

は、海の向こうの植民地以外の何物でもない。

ギュスターヴ・モロー「エウロペの略奪」（一八六八年）ギュスターヴ・モロー美術館

文化の

culturelle

2

「もし作り直さなければならないとしたら、私は文化から始めるだろう。」ヨーロッパ創設についてのジャン・モネの有名な言葉だ。ただ、ヨーロッパはもはや作り直す必要はない、大部分はすでに完成しているのだから。道のりがまだ遠いことは分りきっている。しかし、現在の、あるいは未来の成果は、最初に決定されたことの当然の結果であるし、今更すべてを変える時間はない。それではその全体における文化は？　誰もがヨーロッパ連合の政策における文化の占める地位の低さ、誰もが認めているヨーロッパ文化の豊かさとは驚くほど対照的な、そのすげない扱いを嘆いている。何世紀もの間《ヨーロッパ》と《文化》は言語において完璧な一対のシノニムだった。だから、文化が最後に考慮されるべき部門の一つとなっているのに、ヨーロッパの定義があまりにしばしば驚異的な文化への熱狂的な評価、そして伝説的な文化への光り輝く感嘆符を経由するのを見ると不思議な気がする。偉大さが貧困と一つの部門を争うこの光景を前にして、どうしてうっとりなどしていられよう。率直に言って、ヨーロッパにおいて文化はまだ夢を与えているのだろうか。現在の、そして未来の世代のために、ヨーロッパ文化の教育を確立すべきときではないだろうか。

「従って、皆さんの目的に到達するために皆さんが果たすべき最初の改革は、ヨーロッパを作ることを望む良心的な教育者の皆さん、皆さん自身の内部における改革です。それは経済的観点から皆さんの職務を果たすことで満足しているへりくだった状態と決別して、職務の尊厳を回復することです。」

ジュリアン・バンダ『ヨーロッパ国家のための演説』（一九三三年）

危険な

dangereuse

習慣は第二の本性だとパスカルは言った。好奇心旺盛な人たちがいる。そんな一人はヨーロッパの生活が退屈で窮屈で息苦しいと言う。広大な空間、崇高な探求、真の革命は別の場所、得てして最も根深い思い込みがヨーロッパ以外の大陸に設えたがる舞台の上にある。冒険を渇望して、『イリュミナシオン』の作者による「酔いどれ船」は「古い砦のあるヨーロッパ」を捨て、無限の世界に飛び込んでいく。しかしもしそれが全くその逆だとしたら。理性によって導かれ、礼儀作法によって抑制された思慮深い大陸とはとても思えないヨーロッパは、野蛮な土地であるかもしれないではないか。

「『我々には本当に異人館が必要なのだろうか。この静かな土地に異人館が建ってほしいと思うのかね?』ウェントワース氏は尋ねた。

『あなたはまるであの気の毒な男爵夫人に、キャバレーかカジノでも開かせるかのように話しますね』アクトンが笑いながら言った。

『それだったら素敵だわ!』父親の肘掛け椅子の背もたれに片手を置いて、ガートルードが言った。

『男爵夫人がカジノを開くことが?』シャルロットが深刻な様子で尋ねた。

ガートルードは姉をちらっと見てから『そうよ、シャルロット』とだけ答えた。

『ガートルードは無作法になったね。これが外国人とつき合うということさ』とクリフォード・ウェントワースが若者特有の嘲るような、そして不満げな口調で言った。

ウェントワース氏は自分の横に立っている娘を見上げた。彼は娘を優しく引き寄せて言った。

『慎重になりなさい。用心するんだよ。本当に我々全員が慎重であらねばならないのだよ。これは大きな変化だ。ヨーロッパで我々は特殊な影響にさらされている。それが悪いこととは言わない、前もって判断はしまい。しかしおそらくその影響に対して我々は注意深く慎重であらねばならない。今までとは様子が変わってくるだろう』」

ヘンリー・ジェイムズ『ヨーロッパ人』（一八七八年）

退廃した
décadente

退廃は人が思っているようなものではない。退廃にローマ時代の残酷な皇帝や、錯乱したデンマークの王子や、シチリアのメランコリックな大貴族の衣装をまとわせることは、何とたやすいことだろう！　しかしネロ、ハムレット、ランペドゥーサ公は、彼らの陰気な悦楽の中で見事な退廃ぶりを誇示してはいるが、ヨーロッパの退廃（と仮定されたもの）について最も雄弁に語る者たちの一員ではない。ヨーロッパの退廃はヨーロッパそのものと同じくらい古いとする紋切型の考えがあり、そういった考えはヨーロッパと同じくらい永く生きながらえている。古代ギリシャ人が説いた人類の四つの時代の学説から第一次世界大戦直後のシュペングラーの『西洋の没落』の学説まで、ヨーロッパは取り返しがつかないほど退廃しているという考えをなんとか支えるために、足りないものは何もなかった、どのような論拠も欠けてはいなかった。しかしながらもしこの二一世紀初頭には、それが本当であるとしたら。

「何世紀もの間世界を支配してきたのは、似通った精神を持つ国々の集まりであるヨーロッパであった。中世には誰も世俗の世界を支配していなかった。歴史上のすべての中世がそうであった。それゆえ中世は常に比較的混沌とした野蛮な時代であり、意見の欠如した時代であった。中世は人が情熱的に愛し、憎み、渇望し、軽蔑した時代であったが、意見というものがほとんど存在しなかった。こうした時代は魅力がないわけではない。しかし偉大な時代には、人間が生きるのは意見によってだし、それゆえ秩序が存在する。中世の向こうに、我々は、世界の一部に限られてはいたが、近代のように支配者がいた時代を再び見出すことができる。つまり偉大な司令官であるローマだ。ローマ時代は地中海とその近隣地域に秩序を打ち立てた。

戦後、人々はヨーロッパはもはや世界を支配していないと言い始めた。人々はこうした判断がもたらす重大さを理解しているのだろうか。もちろんそれは権力の移行を予告している。しかしどこへ？　誰が世界の指揮権をヨーロッパから受け継ぐのだろうか。しかし、本当に誰かが、ヨーロッパから受け継ぐのだろうか。もしヨーロッパの後継者がいないとしたら、いったいどうなるのだろうか。［……］もしヨーロッパに取って代わることのできる者がいるのなら、ヨーロッパが支配するのを止めるのは、大したことではないだろう。しかし代わりの者の影さえ見えていない。ニューヨークとモスクワは、ヨーロッパとなんら変わらない。それらは互いにヨーロッパ司令部の二つの陣営でしかないし、ヨーロッパから分離してそれらは意味を失った。［……］誰も命じず、その結果、歴史的世界は再び混沌へ向かうという悲観的結末に陥るのを避けたいと願うなら、出発点に戻り、真摯に問うべきだろう。人々が言うように、ヨーロッパは退廃し指揮権を放棄している、つまり退任しているというのは確かなのだろうかと。この見せかけの衰退は、ヨーロッパを真にヨーロッパであることを可能にする有益な危機ではないだろうか。ヨーロッパの国々の歴然とした衰退は、もしいつの日かヨーロッパ合衆国が可能になり、ヨーロッパの多様性が真の統一に取って代わられるとすれば、必然的であったことになるのではないだろうか。」

オルテガ・イ・ガセット『大衆の反逆』（一九二六年）

神を殺した
déicide

9

ああ、これらの形而上学者たち！ 彼らがヨーロッパについて思索するとき、彼らは常に自分たちには説教すべき義務があると思っている。しかし《愛するが故の鞭》はよく知られたことではないか。彼らはこのヨーロッパを本当に愛しているに違いない、果てしない叱責を課すために！ まるでこれらの思想家たちの特技は、ヨーロッパに罪悪感を抱かせることであるかのように、すべてがなされる。きっと彼らは、ヨーロッパに模範的であってほしいと思っているのだ。切に待ち望んだ楽園ではないので、彼らはヨーロッパをこの世の地獄と決めつける。巧みに概念上の手品がなされる。ヘーゲルは、世界史の方向を東から出発し西へと向かう巨大な運動のように見ていた。一度終りに達すると、その後はもはや死ぬか殺すかしかない。何を？ ニーチェがヨーロッパ人の意志と過ちによって「神は死んだ」と宣言することで、そのことを説明した。こうして一つの哲学的な紋切型から他の紋切型へ、西洋が神を殺すなら東洋は神々を作り出すという風に。光は常に地平線の彼方からやって来るが、ここでは人は死にゆく太陽の最後の光をメランコリックに眺めながら神を殺す。ヨーロッパは本当に、神聖なものに恨みを抱いていているのだろうか。

「ヨーロッパ。ヨーロッパは神の墓場だ。これがヨーロッパの最も厳密であると同時に最も深遠な定義である。何度も神はヨーロッパの征服に出発した。その度にそこで死を経験した。神はもともとの本拠地であるアジアから出発していた。神はアジアで生まれヨーロッパで死んだ。なぜならヨーロッパが神を殺したからだ。」

アルベルト・サヴィニオ「ヨーロッパ」『新百科事典』（一九八〇年）

エネルギッシュな

énergique

古代の英雄への崇拝、中世の騎士道の気高さ、現代の行動への熱中、私たちの歴史のある面はすべて、ヨーロッパが最も尊ぶ価値の一つ、活力に照らして描かれている。レオパルディ、スタンダール、ニーチェは、活力の、人間や国民を前へと駆り立てる力を称讃した。ヨーロッパは何よりも、意志の鎧をまとって休みなく活動する仕事中の文明という自分のイメージを映し出す鏡を好む。活力はヨーロッパの最も深い信仰である。ディオニュソスと、彼に表現意欲をかき立てられたすべての天才詩人たちがそのことを証明している。ヨーロッパ以外では弛緩が尊ばれる。どこであってもすべてを手に入れることはできない。ある日ヨーロッパを離れ、もっと穏やかな、もはや活力の絶対的な命令に従う必要のない国に行くことを望むこともあるかもしれない……

「ここにやって来た者は皆同じ夢を見ます。ヨーロッパ人は、このような呪われた保養地の一つにやって来ると、いわば自分の存在から引き離されたようになってしまうのです。彼はヨーロッパへのノスタルジー、耐え難いほどのノスタルジーを感じます。しかしそれはヨーロッパから持ってきた活力が彼の中で作用している間しか続きません。その後は、彼が出会うほんのわずかなヨーロッパ人たちは彼に退屈しか感じさせず、彼は彼らとの関係をすべて断ってしまうのです。」

シュテファン・ツヴァイク『アモク』（一九二二年）

バランスのとれた
équilibrée

ヨーロッパに人はすべてを求める。すべてを要求する。一つの性質をヨーロッパに与えるや否や別の性質のほうがよくなる。情熱的、いや理性的だ。気前がよい、いや節度がある。向こう見ず、いや臆病だ。宗教的、いや世俗的だ。高慢、いや恥じ入っている。英雄的、いや俗物的だ。革新的、いや懐古趣味的だ……ヨーロッパを前に駆り立て、そして後ろに引き留めるものを並べ立てるときりがない。ヨーロッパは心理学者への生きた挑戦だ。ある人々の要求を満足させ、また他の人々の願いをかなえるためには、ヨーロッパはあるものであると同時にその反対のものでなければならない。こんなバランスはヨーロッパから実体を取り除いてしまう恐れがある。あらゆる方向に伸びていくヨーロッパとはいったい何なのか。

「ユリシーズは西洋の最初の冒険小説の主人公であると同時に、言葉の真の意味でのヨーロッパ人の原型である。［……］彼は単に勇敢で高邁であるだけでなく、狡猾で抜け目ない。情熱が節度によって抑制されている点が、ヨーロッパ的なのだ。ギリシャ人の中にフランス人、イギリス人、ドイツ人、イタリア人など、極めて多様な国民の性格の特徴が合流してできた真のヨーロッパ人だ。」

リヒャルト・クーデンホーフ＝カレルギー『ヨーロッパのオデュッセイア』（一九五四年）

博学な

érudite

ヨーロッパは、モリエールの喜劇のよく知られた役柄に喩えると、女学者である。彼女が熱中するものに学問がある――心情と知性がバランスを取るためだ。しかししばしば熱中しすぎて、学問への情熱が残りのすべてを打ち負かし、理性はもはや何の役にも立たない。多すぎる知識は最後には活力を停止させる。人類はいつかは停滞する。知識は遅かれ早かれ活動を麻痺させていく。ヨーロッパ人から見れば、書かれたものを上回るものは何もない。すべては書くことに行き着く。口承の伝統(それは少し前から文学と呼ばれている形をとってその歩みを終える)も実用的な言葉遣い(それは法的、宗教的、科学的な記号体系の相のもとでその役目を終える)も同様である。つまりヨーロッパでは、実存は手書きの、あるいは印刷されたページに変えられる。そしてこの学識は実存を殺す。私たちは皆、書籍人間で、盲目的に事実の明白さよりも書かれたものの権威を好み、躊躇なく理論のために経験を犠牲にする。高度に作為的であるにもかかわらず、東洋と西洋の主要な違いは話す側と書く側との違いにあるなどと、何度繰り返し語られたことだろう。さらには行きすぎた巧妙さに当惑することもなく、虚無主義の東洋は白紙状態に戻す大掃除をして真正さの中で生きている(トルストイ)のに、西洋は身も心も知識信仰へ捧げている(ゲーテ)などと。ヨーロッパは年老いた女学者なのか。

「歴史的感覚は、心の底で、同世代とともに書くことのみならず、ホメロス以来のヨーロッパ文学全体の感情を持って書くことを強いる。[その結果]詩人は、ヨーロッパ精神は――彼は自身の個人的精神よりもはるかに重要なものと認めることを徐々に学んだのだが――変化する一つの精神であること、そしてこの変化は一つの発展であり、それは途中に何も置き去りにはしない、シェークスピアもホメロスも、旧石器時代後期の芸術家が洞窟に描いた絵さえも、過ぎ去ったものとして片づけることはないということを理解しなければならない。」

T・S・エリオット『伝統と個人の才能』（一九一七年）

ヨーロッパ中心主義の

eurocentriste

ヨーロッパが世界の中心だと考えるほど、型にはまった考えがあるだろうか。私たちの中学や高校時代の地図は美しく彩色され、私たちの視線を重要なことから遠ざけた。重要なことについて色は沈黙したままだった。ヨーロッパ大陸は隣国の強力な要塞に囲まれて、間違いなくそれらの真ん中にあった。太陽王はその光線で、自分の周囲を引力で回る orbis terrarum（地球）を照らしていた。一つの地政学的表現は常に一つの世界観をもたらす。君主制の世紀の継承者であるヨーロッパは、omphalos（へそ＝中心）という自分のイメージを完全に断念することはできなかった（あるいは望まなかった）。従ってもちろんすべてがヨーロッパのものか、あるいはヨーロッパから受け継いだものだ。私たちの文化はそれ自体を基準にしてしか定義できないのだろうか。ヨーロッパよ、用心したほうがいい。あまりにも鏡の前にいると、人は自分自身の老化のしるししか目に入らない。

「最初に一つの考えが浮かびます。文化、知性、傑作などという観念は、我々にとってヨーロッパという観念と極めて古い――あまりに古いのでめったにそこまで遡ることがない――関係にあります。ヨーロッパ以外の世界にも讃嘆すべき文明が存在し、一流の詩人、建築家、学者さえ輩出しました。しかし世界のいかなる場所もこの奇妙な物理的性質、すなわち最も強力な吸収力を合わせ持つ最も強力な放射力を手にしたことはありませんでした。すべてがヨーロッパにやって来た、そしてすべてが、あるいはほとんどすべてがヨーロッパからやって来たのです。ヨーロッパはその大地の上で最大限の生命、知的豊穣、富と野望を実現したのです。

ところで現代は重大な問いを投げかけます。すなわちヨーロッパはすべてのジャンルにおいて優位を保ち続けるだろうかと。ヨーロッパは実際にそうであるところのもの、つまりアジア大陸の小さな岬になってしまうのか。あるいはヨーロッパはそうであるように見えるもの、つまり地上世界の貴重な部分、地球の真珠、巨大な体の頭脳であり続けるのか。[……]

このヨーロッパは巨大な街のように少しずつ建設されました。ヨーロッパは自分の美術館、庭園、工房、研究所、サロンを持っています。ヨーロッパはヴェネチア、オクスフォード、セビリア、ローマ、パリを持っています。芸術のための都市があり、学問のための都市があり、娯楽と機械を結びつけた都市もあります。ヨーロッパはごく短期間で見て回れるほど小さく、その時間はもうすぐ取るに足らないものとなるでしょう。しかしヨーロッパはすべての風土を収めきるほど大きく、この上なく多様な文化や土壌を見せるほど変化に富んでいます。そして人間はそこでヨーロッパ人となるのです。」

ポール・ヴァレリー『精神の危機』（一九一九年）

幽霊のような

fantomatique

「君がつき合っている人を言ってみてくれ、君がどんな人間か当ててみよう。」ことわざは真実を含んでいる。どんな人間かを知るためには、その人の交友関係を観察すればよい。そして個人について言えることは、また文化についても言える。文化がその想像上の風景を、最も基本的なしるし（旗の選択）から最も複雑なしるし（国際関係）で満たす方法は、世界についての発言であり、それは同時に文化自体についての発言でもある。ヨーロッパは、教養あるヨーロッパ人こそが人間の理想的な姿であるということを、一度も否定したことはない。この理想型は当地でも外国でも大人気だ。彼はどこでもひっぱりだこだ。彼は普遍的な人間の見本である。ミケランジェロのような人間、ゲーテのような人間。その百科事典的知識ははるか彼方にまで及ぶ。この人間はすべてについていろんなことを知っている。彼はたくさん体験し、たくさん旅行し、たくさん考え、その結果、すべてに関して意見を持つことをよしとする。この教養あふれるヨーロッパは人々を魅了する。しかしヨーロッパには不気味な基壇があって、それが舞台装置の裏側なのだ。亡霊や幽霊によって作られた、実体のない、不確かな世界にようこそ。

「結局のところ、彼はヨーロッパ人だった、教養ある人たちが言うところの個人主義者。彼には、嘘やまやかしの理想で作り上げた怪しげな環境、健康そうな外見、まだ覆い隠されている腐敗、血塗られた亡霊たち、舞踏会会場か、工場か、城か、学校か、あるいは客間にも見えるような墓場の雰囲気が必要だった。彼には倒壊を予感させながらも、その耐久性は何百年も保証されている摩天楼の近くにいることが必要だった。彼は現代人だった。彼は自問した。『これがヨーロッパ文化だって？ どうして今なおヨーロッパ文化について語ることができるのか分からない。それはどこにあるというのか。私たちはもはや古い文化についての作り話しか持っていないではないか』

ヨーゼフ・ロート『果てしなき逃走』（一九二七年）

連合の

fédérale

今日、ヨーロッパ連合の計画に常に賛同せずして、どのようにしてヨーロッパ人であることができるだろう。これらすべての計画、かつては好戦的な、最近は軍事的な、そして現在は政治的な計画は、一つの共通点を持っている。これらは皆、精神的共同体（《ヨーロッパ精神》）、人間的共同体（《ヨーロッパ家族》）、知的共同体（《ヨーロッパ文化》）と名づけられた、多少とも明確に定義された共同体への議論の余地のない帰属意識から出発している。リヒャルト・クーデンホーフ＝カレルギーは、彼が汎ヨーロッパと呼んだものの中に大陸を連合させることができると信じていた。ある人々は敢えてヨーロッパの心性について語り（ジークフリート、カイザーリンク）、別の人々は《ヨーロッパの集団的無意識》に言及するような危険を冒し（C・G・ユング）、その結果それについての（ルージュモン、エンツエンスベルガーによる）批判的考察が必要となった。すべてがヨーロッパの人々を、一つの考えの周りに再結集するためになされたかのようだ。リスボンからロンドンまで、ウィーンからパリまで、マドリードからブダペストまで、アムステルダムからプラハまで、ローマからストックホルムまで、団結は力なりだ。そんなことは誰でも知っている。そうでなければ……

ジャン・セネップ「人気オペレッタ」エコー・ド・パリ（一九三〇年五月二三日）

féministe

フェミニストの

ヨーロッパは女性である、そのことを知らない人はいない。その神話、その歴史、あらゆる物語や演劇が、競って私たちにそのことを繰り返す。ヨーロッパ世界の始まりに女性がいた。そしてアラゴンと彼の有名な言葉「女は男の未来である」を信用するのなら、終りにもまた女性がいると想像しなければならない。本質的な、原型的な女性の存在なしに、ヨーロッパの文化の歴史を語ることは不可能だ。ヘレネはトロイア戦争の原因で、ペネロペはその結果である。聖アウグスティヌスは母親の影響で回心した。ベアトリーチェの刺激がなかったら、『神曲』の中でダンテがあらゆる時代の大冒険に身を投じることは決してなかったろう。ペトラルカはラウラの顔のおかげで神聖な人間を考え出した。シェークスピアはジュリエットによって私たちに気高い愛を教える。あらゆる幻影を捨て去った懐疑的なセルバンテスでさえ、彼の憂い顔の騎士のために夢のようなドルネシアが必要だった。故に私たちは、この母権制の土台を持つヨーロッパで、これほど女嫌いなのだろうか。

「ヨーロッパは自由の地だ。この地に触れた奴隷は解放される。アジアから逃れてきた人々に対してもそうであった。この西洋の厳しい世界では、自然は自らは何も与えない。自然は不可欠な掟として自由の行使を強いる。敵に対しては身を寄せ合い、シテと呼ばれる固く結束した集団を作り上げなければならなかった。城壁で取り囲まれたこの小さな世界は、人工的なまとまりの中に家族や人々を吸収した。シテは東洋の部族の自然な生活に残るすべてのものと戦い続けることによって建設された。ギリシャの先住民ペラスゴイ人は東洋的な形態によってヨーロッパの中にアジアを存続させたが、それはアテネとローマによって抹消された。この戦いにおいてギリシャの三つの時期の特徴が示される。ギリシャはトロイア戦争でアジアを攻撃し、サラミスで追い払い、アレクサンドロス大王によって制圧した。しかしギリシャはアジアをギリシャそのものの中で、まさにシテの城壁の中で、さらにしっかりと制圧した。ギリシャはユダヤ地方に保たれていた官能的な体質を一夫多妻制とともども拒絶し、女性は男性のパートナーであると宣言したとき、アジアを制圧した。ギリシャは巨大な偶像を人間のサイズに縮小し、偶像に美と完成度をもたらしたとき、アジアを制圧した。」

ミシュレ『世界史入門』(一八六五年)

尊大な
fière

ヨーロッパが早くに学んだ教訓があるとしたら、それはきっとこれだ。「言うことはなすこと。」優れているためには自分が優れていると感じ、そのことを大声で叫べば十分だ。この分野においては、ヨーロッパ人は長い間自分を名人と見なしていた。脆い感受性と傷つけられた慎ましさにもかかわらず、ヨーロッパはシュテファン・ツヴァイク言うところの「星の散りばめられた時代」には、自らを造物主のようだと公言してはばからなかった。行く先々で、ヨーロッパは創造し、考え、行動する。この虚勢の中に、押し殺した恐怖が隠れてはいないだろうか、秘められた苦悩が表れてはいないだろうか。ドン・ファンは尊大に構える。それは彼が死ほどは何も恐れてはいないからだ。誰もがこの作品に、恐怖に対し必死で偉ぶっているヨーロッパを読み取るだろう。しかし警戒を怠らず、ほとんどの反ヨーロッパ的発言は、ヨーロッパの知識人の贅沢だということを記憶に留めておこう。

「勇敢な提督は、難解な言語を解する者の一人を通して答えた。高名な閣下、私は私自身について、私の掟について、携えた私の武器についてあなたにお話ししましょう。私はこのトルコの国の者でもないし、トルコのおぞましい民の血を引く者でもありません。私は勇壮なヨーロッパの人間で、名高いインドの地を目指しています。私が守る掟は、見えるものと見えないものが服従する力を持つお方、天と地と、あらゆる生物と無生物を創造し、恥辱と侮辱に耐え、不当で耐え難い死を耐え忍んだお方、つまり、死すべき者たちを地から天へと上げるため、天から地へと降りてきたお方の掟です。」

ルイス・デ・カモンイス『ウズ・ルジアダス』第一歌（一五七二年）

化石化した

fossilisée

人物の肖像画を描くように国々の肖像画を描くのが大いに好まれた時代があった。私たちのかつての偉大な小説家たちはその方面における大家となった。バルザック、スタンダール、フロベールはこうした決まり文句の誉め言葉を堪能したが、それに大した価値を認めることはなかった。ヨーロッパはそこに属する国々にとって、生きものたちの活発な集合体のように見えた。この通俗的なイメージとは逆に、私たちの時代は主体よりは客体を好む。現代はヨーロッパを一人の人間ではなく一つの機能と見なし、ヨーロッパを進路というよりは痕跡のように語る。ヨーロッパはその道筋を辿り終えた。今やヨーロッパが道中で残した掘出し物を収集するときだ。ヨーロッパ文化の極度の洗練は死と隣り合っている。ヨーロッパの歴史は博物館に、人間は墓場に、知識は図書館に似ている。私たちはその後の時代にいる。長い歴史の後のエピローグの時代。ほら、ヨーロッパのポンペイ化の時代がそこに来ている。

「彼は夕食ではエドワルド王の右に座り、皇帝と差し向かいで食べた。彼は枢機卿たちや法王と話し合うのが好きで、司教団の会議を欠席することは決してなかった。ローマは彼のお気に入りの居住地だった。彼は洗練された料理、古いワイン、美しい女性、ヨット操縦を好み、満足気に自分のコレクションを一つ一つ点検し、ときおり膨らんだまぶたの大きな目で、宝石がはめ込まれたかぎ煙草入れをじっくりと眺めた。彼はフランス王のサインを収集し、バビロンの書字版、印璽《いんじ》、印章、小像、胸像、ガロ・ロマンのブロンズ像、メロヴィング朝の宝石、細密画、懐中時計、タピスリー、楔形文字の碑文、オランダ、イタリア、フランドル、スペインのあらゆる巨匠の絵画、福音書と黙示録の写本、ジャン＝ジャック・ルソーの手稿、小プリニウスの手紙が詰め込まれた飾り棚を持っていた。彼の代理人たちは、高価で珍しく、帝国の権勢を思い出させるものすべてを買い集めた。彼は品物を持って来させて、盗人のカササギにそっくりのぎょろりとした目でじっと見つめた。それからそれを飾り棚に収めた。」

ジョン・ドス・パソス『USA北緯四二度線』（一九三二年）

国境

frontières

ヨーロッパが国境をなくすのと同じくらい国境を定めるのにも時間をかけたということに気づくとき、苦々しい思いで一杯だ！　しばしば争われ、常に変動する国境は、安定したものや安心させるものは結局何も与えない。平和条約の条項であると同時に戦争の原因でもある国境は、結びつけるのと同じくらい分離させる。国境のめまいが存在する。つまりその性質からしてこれ以上弁証法的なものはない。それぞれが自分の計画を持ち出す。ある者たちはロシアをヨーロッパに組み入れ、ある者たちはイギリスを排除する。ある人々は何としてでもヨーロッパ人になりたいが、ある人々はきっぱりと拒んでいる。このはっきりしない国境に、いったい何を望むのか。

「ロシア皇帝に連合に入る自由を委ねることは、社会一般の、また特に社会の構成員一人一人の安定と安全のために、理にかなったことであるし、必要であるとさえ私には思われる。私はロシア皇帝の発言権を［ヨーロッパの］二四分の一として数える。私は彼の国のキリスト教は、我々のものと大変異なっていることをよく知っている。しかし彼らはイエス・キリストによる救済を望んでいる。従って彼らはキリスト教徒なのだ。一般的に言えば、他のキリスト教の君主たちはロシア皇帝の同意なしで済ますことができるが、ヨーロッパ社会はロシア皇帝と通商条約、恒久平和条約、攻撃同盟や防御同盟を結ばずにはやっていけないだろうし、ロシア皇帝に対する警戒の必要経費を節約するために、それらに関して万全の備えで対応すべきであろう。［……］ヨーロッパの隣人たち、タタール人、トルコ人、チュニジア人、トリポリ人、アルジェリア人、モロッコ人たちについては、連合会議の一票を彼らに与えることはあまり好ましいことではないだろうと言われている。おそらく彼らは投票権を受け取りさえしないだろうとも。しかし連合は、彼らとの和平と通商を維持するための、そして彼らに対して武装せずに済むための条約を結ぶことができるだろうし、同じ安全を獲得することで、彼らの一人一人を平和の都の居住者として認めることができるだろう。」

アベ・ド・サン＝ピエール『恒久平和計画』第四論（一七一三年）

ギリシャの

grecque

ヨーロッパはギリシャ生まれだ。それが大前提だ。認めるとか異議を唱えるとか、そんなことは問題外だ。アテネの、ソクラテスの、そしてホメロスの娘であるヨーロッパは、何世紀もの間、巡り来る季節の几帳面さで古代ギリシャの血統であることを主張する。これほど見事に定着した紋切型はない。誰がヨーロッパに他の素性を与えようなどと思うだろう。この血統には何かしら神聖なものがつきまとう。文明の起源に手を加えることはすでに冒瀆なのだ。せいぜいしばしの間ギリシャから目を逸らすくらいが関の山だ。しかしそれはギリシャにさらにしっかりと戻って来るためだ。「彼らの話題は依然としてギリシャ人たちだった。そして結局、中国やロシアを含む世界中のすべての文学を読んでいい気分でいるとき、残っているのは古代ギリシャ文明の香りなのだと彼らは思った」とヴァージニア・ウルフは小説『ジェイコブの部屋』（一九二二年）で語っている。エウロペがゼウスによって強奪されたように、ヨ

ーロッパは抗し難い力でギリシャに捕われているようだ。

「エウロペとゼウス」アプリア式陶器大皿（紀元前六世紀）ウィーン美術史美術館

憎むべき
haïssable

ヨーロッパ文化にはびこるおびただしい逆説の中に、注意を引き、熟考に値する特別なものが一つある。「ヨーロッパ文化を最も愛する者はそれを最も嫌う者でもある。」ブランショはまさしくそのことを証明した。私たちは文化にすべてを捧げると同時に、私たちからすべてを奪った文化に恨みを抱かずにはいられない。ヨーロッパ文化は私たちを魅惑する義務があり、私たちを落胆させてはならない。なんという法外な要求！　ヨーロッパに不可能なことを要求して、私たちは遅かれ早かれその弱さを見出し、その欠点を憎んで終わる。ハクスリーは（ショーペンハウアーの表現によれば）《知的小説》しか書かなかったが、それはヨーロッパについての批判的小説に他ならない。文明が眩ければ眩いほど、人はその至宝の輝きに用心するようになる。ヘルマン・ヘッセの《荒野のおおかみ》とは、ヨーロッパの遺産なしではやっていけないが、それにもかかわらずその遺産を激しく呪い続ける男たちのことだ。文化は単に恵みの母ではないらしい。王女メディアのように、それはまた憤怒にかられて子ども達を殺すこともできる母なのだ。

「二〇世紀の人間は《文化!》について
そして《芸術!》について語るが、実際には
彼はそこに円形競技場の出し物を見ている。
すっかり疲れきって。
眠りながら、あるいは無感覚な状態で、彼は呟く「神よ、おお、神よ!」
彼は自分をキリストへの崇拝をミトラスへの崇拝に結びつけた
一人のローマ人になぞらえる。
彼はいまだ古来の信仰に執着して、
時々悪魔に取りつかれていると感じる。
彼は過去を攻撃するが、しかしもし過去が根絶されたら、
精神の支えがなくなりはしないかと恐れる。

彼のいる舞台は廃墟の都市だ。［……］
お前の取り分である才能を守れ、ヨーロッパの子供よ、
バロックの教会とゴシックの大聖堂、シナゴーグの相続者よ、
そこでは欺かれたすべての国民が嘆いている。
デカルトとスピノザの後継者、名誉という概念の相続者、
レオニダス王の遺児よ、
恐怖の間お前が得た才能を守れ！」
チェスワフ・ミウォシュ「ヨーロッパの子供」（一九四五年）

幽霊の出る

hantée

ヨーロッパに幽霊が出るんだって？　ヨーロッパが理性の上に打ち立てられたことを絶えず思い起こさせるこの文明を怖がらせるのは、いったいどんな幽霊か。いくらなんでもそんな迷信は別の時代の話だろう！　しかしながらその時代は、私たちからそれほど遠くはない。マクベスとイワン・カラマーゾフのみが、幽霊を見て怯えたわけではない。ヨーロッパの恐怖はすべて、暗く血なまぐさい中世の中に片づけられたわけではない。ヨーロッパの中世はドアのところにいて、すぐにでも入り込んで、これまでの時代で最もすさまじいパニックを引き起こすことができる。

「幽霊がヨーロッパに出没している。共産主義という幽霊だ。古いヨーロッパのあらゆる権力が、この幽霊を追い詰めるために神聖同盟によって結束した。ローマ法王とロシア皇帝、メッテルニヒとギゾー、フランスの急進派とドイツの警察も。政権を握っている敵から、共産主義的と非難されなかった野党があるだろうか。右翼的なあるいは左翼的な敵に対して、今度は逆に、共産主義者という不名誉な呼称を投げ返さなかった野党があるだろうか。

このことから二つの教訓が生じる。一、すでに共産主義はヨーロッパのあらゆる権力から、一つの勢力として認められている。二、今やまさに共産主義者が全世界に向かってその見解、目的、動向を示すべきときである。この目的のために諸国の共産主義者がロンドンに集結し、次の宣言を起草した。この宣言は、英語、フランス語、ドイツ語、イタリア語、フランドル語、デンマーク語で出版される。」

マルクス、エンゲルス『共産党宣言』(一八四八年)

幸福な

heureuse

「幸せなシシュフォスを想像しなければならない。」エッセイの最後でカミュは主張している。そうしてみてもいいだろう。しかし悲嘆と苦悩の中では、幸福というものは実存から身を振りほどいてしまうのではないか。ヨーロッパ、幸福な大陸、そのことは言うまでもない。それではヨーロッパ人は幸福なのか。おそらく神話の英雄のように気高く、悲劇的な意味では。しかし誰がそういった呪われた者の幸福を望むだろう。今こそ、あらゆる生の証に満ちあふれ、裕福で教養豊かな、成熟した、世界中が羨むヨーロッパというお決まりの考えをひっくり返すべきときだ。それでは、幸福なのだろうか、ヨーロッパは。

「何という苦しみの印象がヨーロッパの光景から、ヨーロッパのすべての哀れな存在から立ち上ることでしょう！　あなた方の活発さも、方々で目にするこれらの苦痛の面持ちほどは、私を驚かせません。苦痛はあなた方一人一人と差し向かいで格闘しているようです。［……］ヨーロッパのこうした暮らしの中で、皆が、常軌を逸した人、地獄に落ちた人のように苦しみに泣き叫んでいます。［……］ヨーロッパ人は人生とは何かを理解していません。常にあなた方ヨーロッパ人は目的へと向かいます、全身全霊で目的へと向かいます。あなた方は打ち勝とうとします。あなた方のつまらない勝利に、あなた方は何を見出すのでしょうか。［……］あなた方が感じる情熱は、情熱を傾ける対象のために世界を整えるよりは、あなた方を崩壊させているように私には思われます。ヨーロッパ人は世界を苦悩で一杯にしました。ヨーロッパの人間の中心にあって、彼の人生の重要な瞬間を左右するのは本質的な不条理です。［……］従って西欧世界の中心には、希望のない対立が存在しているのです。思想家とその思想の対立、ヨーロッパ人とその文明、あるいはその現実との対立。ヨーロッパ精神は、これほど不安にさせる発見をしたことはありませんでした……」

アンドレ・マルロー『西欧の誘惑』（一九二六年）

理想的な

idéale

ヨーロッパは一つの撞着語法だ。ヨーロッパはあらゆる反義語を結びつけて喜んでいる。小さい、確かに。しかし小ささは完璧さの謂いなのだ。節度がある、いいだろう。節制とは豊饒の同義語だ。思いきってライプニッツ風に、ヨーロッパは一つのモナドのようだと言うこともできるだろう。ヨーロッパにおいては、望み得る最高の世界の中で万事がうまくいっている。すべてがしっかり繋がり合って調和の内にあり、均衡の法則に従っている。純然たる建築学的奇跡。政治的ユートピアや田園恋愛詩さえ必要としない。すべてがそこに、手が届くところに用意されているのだから。特別に幸運な世界。実に、地上の楽園でさえある……アダムが堕落する前の。

「ヨーロッパはつまり、他と比べれば小さいが、大変人口の多い、大変肥沃で、よく耕作された地域であり、アフリカが縦にも横にもより広大であるといえども、いかなる点においてもアフリカに引けを取ることがない。というのもヨーロッパにはアフリカのように広すぎる砂漠も、不毛な砂地も、すべてを焼き尽くす猛暑も存在しないからである。ヨーロッパには人間が住めないような、また生活に必要なものを簡単に手に入れられないような場所も地域も存在しないのである。」

セバスチャン・ミュンスター『宇宙誌』（一五四四年）

不死の

immortelle

一つの文明はどのくらい生きられるのだろうか。生きるということは、かつての姿をノスタルジックに思い出しながら細々と生息することではなく、様々な社会をまとめ上げること、それらを持続可能な精神的政治的システムにすること、期待と可能性の間に多少とも安定した調和を作り上げる力を持つことだ。シュペングラーは世界には八つの異なった文明があるとしたが、その中でヨーロッパと他のいくつかの文明は衰退していると述べている。彼によれば、中国、インド、エジプトはまだ無数の人々が暮らしてはいるが、それらの文明はかつてそうであったものの仄かな照り返しでしかない。それではヨーロッパはどうなのか。ヨーロッパは凋落を無視し、死を恐れることもないのだろうか。私たちはヨーロッパにいて、自分たちが不死であるなどと思い込んではいないだろう。私たちはあらゆる人間同様死ぬべき存在であることを密かに恐れ、パニックさえ感じているのだから。ヨーロッパは不滅だという夢、政治制度はその夢の誇張された発現であり、実際には私たちの苦悩の裏面なのである。千年支配や不滅の帝国という考えは一つの症候でしかない。ヨーロッパがひたすら永遠を求めていると言えば言うほど、ヨーロッパは迫り来る死への強迫観念を暴露している。どれほど不死のヨーロッパが夢見られたことか！　例えばエウロペとゼウスの愛を厳かに述べる高踏派の詩人のように。

「山は青く海は薔薇色だった［……］。
まばゆい彼の鼻腔からもれるかぐわしい息は
ときおり彼女を鮮紅色の雲で覆った
クロニドの夫婦たちが金色の蒸気で
彼らの愛や崇高な眠りを守るように［……］。
——私は神々の王、クロニド自身だ、広大な天空からお前の足元に降りてきた！
むしろ喜ぶがよい、おお、私が愛するヘラスの花よ
不死の夫の腕の中で不死となることを［……］。
はるか彼方の大地がすべて消え去り、
静寂な天空だけが青緑色の広がりとなって鮮やかに輝くとき、
牡牛の神は言う——おお、処女よ、何も恐れるな。おいで！

ほら、ここが預言者の洞窟がある聖なる島だ、
ここでお前の栄光に満ちた婚姻が行われるのだ、
そしてお前から神の子供たちが飛び出し
地上を治め、神となるのだ！」

ルコント・ド・リール「エウロペの誘拐」『最後の詩』所収（一八九五年）

不可能な

impossible

ヨーロッパの統一は自発的になされるだろう。この点についてはそれぞれの考えがあるだろう。遅かろうが早かろうが、ある方法であれ他の方法であれ、六カ国であれ一五カ国であれ、実のところ大して重要ではない。重要なのは、この統合は危険をはらんでいるようにも見えるし自然にも見えるということだ。ニーチェは将来の展望を予想したとき、「一つのヨーロッパ」について語った。彼は「一つのヨーロッパ」は「躊躇しているかのようにゆっくりと」、しかし「必ず」実現するはずだと考えていた。つまりヨーロッパの歴史的運命は断固として決定されているのだ。それは全く違うのだと考えることはできないだろうか。この統一は数々の理由によって蜃気楼の様相を帯びているという風に。いったい何がヨーロッパを不可能にしているのか。

「私は何も検討し残すことのないように、あらゆる事物を掘り下げることを望んでおりましたが、突然私を遮るいくつかの障害に遭遇し、陛下(アンリ四世)に以下のことをなさってくださいますようお願いする次第となりました。順序に従ってこれらの障害を厳密に、仔細に検討していただき、陛下ご自身でこれらの障害に対し陛下の精神、判断力、経験と勇気に基づいた思索と決定を繰り返してください。

最初の障害は人間性の全般的な堕落であります。堕落はあまりにもはびこり、増加する一方で、人間がいまだ存続しているのが不思議なほどです。あまりにも長くなりますのですべてに立ち入る必要はないと思われます。いくつかについて述べるだけに留めておきますが、障害を免れた人はいないし、威厳さにおいて際立った人はさらに少ないのです。ですから人々にキリスト教共和国の設立を覚悟させる前に、人間の精神の中の障害を押さえ込む必要があるでしょう。

二番目の障害は、ヨーロッパの大部分のキリスト教の国々に見られる宗教についての意見の著しい相違です。宗教は経験が教えてくれますように、様々な愛情だけでなく、相対する者同士のあのようなすさまじい憎悪、敵意、迫害を伴う逆の情熱を作り出します。ご意志を結集なさった陛下の思索と決定のみが、互いに外国呼ばわりしている国々や、さらには同じ一つの国の人々が、このような激情によって、全く平和的でもなくふさわしくもない政権と支配の存続を正当化し得るいくつかの口実を作り出すのを阻止することができるように思われます。」

シュリー『王国経済要諦』（一六一〇年）

インド・ヨーロッパ民族の

indo-européenne

ヨーロッパ《人種》についての真面目な学説など存在するだろうか。長い間、言葉は言葉自体が熱狂しながら、眩くはあるが疑わしい決まり文句で満足してきた。大陸の特性を形成しているものを説明しようとして《ヨーロッパ的魂》、あるいは私たちがさほど宗教的ではなくむしろ科学的である場合は《ヨーロッパ精神》について話すのに、私たちはなんら不都合を見出さなかった。そのことは私たちが、私たちは一つの特性を有していると信じていることを証明している。とにかく私たちは、ヨーロッパ《民族》の歴史的あるいは想像上の特徴について思い巡らさずにはいられないのだ。たいていは徒労に終わるのだが。では、そんなことなどせずに済ませるほうがよかったのだろうか。

「私にとっては《民族》とは、魂の一つのまとまりである。あらゆる歴史的大事件は本来、民族の成果ではなく、まずそれらが民族を生み出したのだ。あらゆる行動は行動者の魂を変化させる。従って一つの民族の存在は結果であり、大事件の条件ではない。［……］民族という語は他の意味内容を持っていない。言語の統一も身体的系譜も決め手にはならない。一つの住民から一つの民族を区別するもの、住民から民族を引き出し、次に住民の中に民族を解体するのは《我々》の内部の出来事なのである。この感情が深ければ深いほど結合の生命力はよりたくましくなる。活動的な、活気のない、移り気な、冷静なといったいくつかの民族の形態がある。彼らは言語を、人種を、名前を、故郷を変えることができる。彼らの魂が持続する限り、彼らは考え得るすべての出身地の人間に内部で適合し、彼らを変えていく。ローマ人という名称はハンニバルの時代には民族を意味していたが、トラヤヌスの時代にはまだ住民しか意味していなかった。もし我々が多くの理由によって民族と人種の概念を結びつけるとしても、我々は民族を、現代ではありふれたものとなったダーウィンの時代の人種という概念の意味で用いることは決してないだろう。だから民族は一つの肉体の系譜によって統一されており、その形態そのものを十世代を通して保存することができるなどと勘違いしないでほしい。この生理学的な起源は科学にとってしか存在しないし、どのような民族もこの純潔の理想に熱狂などしなかったと繰り返しすぎることはないだろう。」

シュペングラー『西洋の没落』(一九一八年)

劣っている

inférieure

劣等感がときにはあまりに押しつけがましい謙譲のしるしと解されるのなら、それは文明が文明自体を語るときに示す文明の習慣的で自然な傾向とは言い難い。そのことを隠しても無駄だ。人は自慢するのが好きで、誰かが称讃してくれるのを待つよりは、むしろ自分で自分自身の長所を認めるのを好むものであり、文明はこの習わしに背くことはなかったということは、いっそう確かなことなのだから。この固定観念を痛烈に批判する本当にまれな意見を耳にすることもあるかもしれない。しかしいったい誰が、劣っていると見なされたヨーロッパを受け入れるだろう。

「寒冷な地方に住む民族、ヨーロッパの民族は一般的に言って気概に富んでいる。しかし彼らは間違いなく知性と技術の点では劣っている。それゆえ彼らは彼らの自由を保持してはいるが政治的に組織立っていないので、決して彼らの隣国を征服することができなかった。アジアでは反対に、人々はより知性にあふれ芸術的素質に恵まれているが意欲に欠け、永遠の奴隷制度のくびきの下に留まっている。ギリシャ人は地形的にはその中間にあって、二つの民族のすべての長所を併せ持っている。しかしギリシャには様々な民族がいて、それぞれの間では今話してきたような相違がある。ある民族では一つの生来の長所が際立っており、他の民族では長所すべてが巧みな混合によって調和している。」

アリストテレス『政治学』（紀元前四世紀）

地獄の
infernale

ヨーロッパでは人は皆地獄へ降りる。そこには少なくとも全員の居場所があると言わなければならない。オルフェウスはそこからエウリディケを奪い出そうとした。キリストはそこから蘇った。ダンテはそこにベアトリーチェを捜しに行った。ジョットとブレイクはそこを描き、ランボーはそこで一季節を過ごした。地獄の地理学自体が、第二次世界大戦の強制収容所の構造を生み出すもとになった。ヨーロッパでは地獄は地面の上にも下にもある。それではそれ以外の場所には、ほんのわずかな空間しか残らない。しかしそれ以外の場所があるのだろうか。

メフィストフェレスに聞いてみよう。

「戦争から生まれたヨーロッパの国々は、その歴史を恥ずかしいと思わない。自分たちの犯罪を隠さず、血まみれの略奪を放棄しない。ヨーロッパの国々は自分たちの背信を自慢するに至るまでの不誠実を認めるが、しかし今度は、そのあらゆる欲望とあらゆるエゴイズムで穢れた下劣なヨーロッパ文明が、血の中で滅びるだろう。」

バリェ＝インクラン『暴君バンデラス』（一九二六年）

創意に富む

inventive

通りや広場に、名高い将軍や偉大な政治家や有名な画家や常軌を逸した建築家の名をつけることは好ましいかという問いには、戦時中であるか平和な時代であるか、すべて場合によりけりだという答えが返されるだろう。いいだろう、まさにその通りだ。私たちを取り巻いている名前は、私たちの世界の年齢について教えてくれる。私たちは自分たちを何歳とするだろう。私たちはずっとカペー朝やハプスブルク家やブルボン家の故人たちの中で生きることを望むのか、あるいは不滅の発明者に囲まれて進化することを望むのか。ヨーロッパは決してあきらめないだろうから、どちらを選ぶかは明らかだ。最もうぬぼれた紋切型の一つによれば、ヨーロッパはとりわけ絶えざる発明の文明であり、思考する精神の社会であり、永遠に創造的な大陸である。理想を主張することは、ヨーロッパにとって出発点である。少なくともそれについて異論はない。ベートーヴェン大通りが増え、ピカソ高校は数知れず、パラディオ通りもあちこちにある。プロメテウス公園ができるのはいつだろう。天才による天才のために作られたすばらしいヨーロッパ！

「すべてはヨーロッパから来た、すべてはもとはと言えば我々のものだった。それではいったいなぜヨーロッパの創造行為は、ヨーロッパにおいて全面的に成功しなかったのか。それはヨーロッパにおいて創造行為は常に組み立ての段階であったからである。固有のものとして何が我々に残っているだろう。ただ独占のみだ。つまり文化の独占、非常に多くの緊張から生じたある種の人間的均衡。［……］」

ヨーロッパの宗教と道徳と文化の始まりには、矛盾の、実り多き分裂の、創造的な紛争の思想があった。代表的な矛盾のしるしが十字架である。反対に新しい二つの帝国、アメリカ合衆国とソビエト連邦の始まりには、人間自身の統一の、反対命題の除去の思想があった。従ってヨーロッパとときおり恩知らずな西側陣営のこれら二つの国との比較は、典型的なヨーロッパの人間についての決まり文句を我々に想起させる。すなわちそれは矛盾に満ちた人間、弁証法的な人間だ。ヨーロッパは記憶の祖国だ。ヨーロッパは世界の記憶でさえある。ヨーロッパは人類の最も古い記録を保存し再生する世界の場である。これが、ヨーロッパが発明の祖国であり続ける十分な可能性を持っている理由である。」

ドニ・ド・ルージュモン『ジュネーヴ国際会議』(一九四六年)

カフカ的な

kafkaïenne

ああ、ヨーロッパ、その複雑な制度、解読不能な憲法案、不可解な計画……その不透明さ、その窒息状態や錯綜ぶりを非難することの楽しさといったら! それにストラスブールとブリュッセルで、誰が何をしているのか、指揮を執っているのはいったい誰なのか。まるでラテン語のようにさっぱり分らない、いずれにせよラテン語はとっくの昔から死語であるのだが。私たちはヨーロッパでカフカの影響の下に生きているのだろうか。プラハは訳もなく大陸の中心にあるのではない。けれども中心にあるという理由では共同体の中には入れない。というのも最高位のリーダーが近づく人を監視しており、誰であれ城砦の中に入るのを許可しないからである。誰もが《城》の不気味な寓話を知っている。そこには、西ヨーロッパを意味するwestが二度繰り返される説得力のある名を持つ男、つまり西洋のアレゴリーである男が支配者として君臨している。神聖不可侵の場に誰も入れるなとでもいうように。ヨーロッパ、それは秘密にされ、用心深く見張られている場所なのだろうか。

「『この村は城のものです。ここに住んだり泊まったりすることは、いわば城に住み、城に泊まるようなものです。誰も伯爵の許可なしにはそうする権利を持ちません。その許可証をあなたはお持ちでない、あるいは少なくともそれを提示なさいませんでした』

Kは半分体を起こしながら髪に手をやって髪型を整え、二人の男を見上げて言った。

『何という村に私は迷い込んだのですか？　つまりここには城があるのですね？』

『もちろんです』若い男が答え、農民の何人かもうなずいた。『ヴェストヴェスト伯爵様の城です』

『一晩過ごすためには許可を得なければならないのですか？』男が彼に語ったことが夢ではないことを自分に納得させるかのように、Kは尋ねた。

『許可を得なければなりません』男は答えた。」

フランツ・カフカ『城』(一九二五年)

壊れた

kaputt

想像の世界で最も幅を利かせている空想の一つは、とてつもない大惨事についての空想だろう。けしからんと喚き立てても、世界の基盤自体に影響を及ぼす破壊を想像し観察することで感じる後ろめたい喜び、本能的な快楽が変わることはない。そのことは、嫌悪すべきものは常に何かしらほっとさせるものと結びついていることを思い起こさせる。最も暗澹とした時代に、人は、荒廃し、粉々の欠片が散らばり、燻っている瓦礫に覆われたヨーロッパを思い描くに至る。最悪の事態に怯えながら、大惨事に陶酔しながら、人は死、このヨーロッパへの口に出せない恐れから身を守ることを望んではいないだろうか。

「ヨーロッパが持っているすべての高貴なもの、繊細なもの、純粋なものは滅びる。我々の祖国は滅びる、我々のかつての祖国は。そして我々につきまとうあらゆるイメージはすべて戦争のイメージ、我々の声、我々の匂い、死んだヨーロッパの匂いと呼応する。[……]

残酷な快活さは、この何年かの戦争を通してヨーロッパの光景から私が得た最も異常な経験である。どんな言葉も、破綻し、終わり、欠片になり、消えたことを意味するこの非情な、神秘的でさえある《kaputt》という表現ほどには、我々の状態、今後のヨーロッパの行方、つまり山積みになった残骸を、ぴたりと言い当てることはできない。」

マラパルテ『カプート』(一九四六年)

軽薄な

légère

戯れに、知的気晴らしのため、あるいは純然たる怠惰によって、常套句の愛好者、心理学の信奉者たちがすべての大陸の性格をでっち上げた。譲渡できない権利であるかのように、固有の長所、しかしまた固有の欠点もそれぞれの大陸のものとなった。瞑想的な文明(中国、ロシア)があるなら活動的な文明(アメリカ)もあるし、またさらに苦しんでいる文明(アフリカ)

もある。私たちの頭に、いくらかの気兼ねもなくはないが、エピナル版画が行列をなして浮かび上がり、山積みになった自明の理に挿絵を添えてくれるようなものだ。それではヨーロッパは？　ヨーロッパは芸術や文学に熱中していることを望まれるだろう。ヨーロッパは軽佻浮薄のように見えるだろう。私たちはいつになったら世界から、文化的洗練、何か知らないが気取ったものや滑稽なものを取り除くことができるのだろう。

「いささか凡庸で下品で堕落した人間がいて、女性的に優雅な、かなり滑稽なヨーロッパ、それだけであまりに人間的で、いささか荒唐無稽であるのに、さらに民主主義のスローガンを叫んでいるヨーロッパ、道徳的にはタンゴの、ツー・ステップのヨーロッパ、エドワード七世風のビジネスと享楽のヨーロッパ、パリの高級娼婦のように文学的な、モンテ・カルロ風のヨーロッパ、そんなヨーロッパを想像することができるだろう。〔……〕このヨーロッパは面白いだろう。というのも《人間の自由と平和》のためのこの相互協調関係のヨーロッパは、多分、ミュージック・ホールの楽しいスペクタクルとなるだろうし、芸術家はそこで王様のように自分が幸せだと感じることができるだろうから。」

トーマス・マン『非政治的人間の考察』（一九一八年）

自由な

libre

ヨーロッパは自由の地だ。誰もこのことを否定しないだろう。あらゆる欠点にもかかわらず、私たちはこの大陸の生活条件を他の大陸のものと取り替えたりはしないだろう。ヨーロッパで私たちはそれほど豊かでもなく、少々慌ただしく暮らしているが、それで別にかまわない。ぎりぎり譲歩して、ヨーロッパで私たちは聖なるものから遠く離れ、常に活発な意欲をみなぎらせているために、魂の休息が得られないでいることも認めよう。まあすべて大目に見よう。ここでは誰もが自由だ、重要なのはそのことだ。長い間、自由の観念は旧世界に合致していると思われていた。自由の観念は、まずそのリアリティの欠如を嘆くために、次にそれによって生きてみるために、旧世界そのものが作り出した観念だ。まさに啓蒙時代には、ヨーロッパは圧制の地である東洋と啓蒙君主の先鋒である西洋との隔たりを広げるために、その観念を身にまとった。私たちは今でも私たちの観念の正当性を信じ込んでいるのだろうか。とりわけ私たちが最も大切だと言っているものの観念の。百年も前から自由の観念は亡命したほうがいいだろうと思っていた。ヨーロッパを離れてよそのどこか、大西洋の向こう、あるいはウラル山脈の向こうに、もっとうまく定着したかった。自由はヨーロッパ全体の幸運でもあり不運でもある。ヨーロッパがリシュリュー枢機卿の英雄劇の中で不平を言うのを聞いてみよう。
「イベリアのヨーロッパ
イベリアよ、ばかげた希望を追い払え。
力も愛も私を感動させることはできない。
愛人の侵害も敵の侵害も私は意に介さない、
私は欲望なく生き、不安なく生きる。
お前のすべての目論見を捨て、私をそっとしておいておくれ。
私は処女のままで自由にいたいのだから、永遠に［……］。
四人の姉妹を持ち土地を分かち合っている私は、
最も気高く最も戦争に適した取り分を得、
芸術にも人民にも都市にも豊かに恵まれ、
二つの海に港を持ち、すべての地表に果実を実らす、

強大なヨーロッパ、活動的で、寛大で、
資源に恵まれている私、その私は幸福だと言うだろうに、
もしも、たった一人の敵の野心的な熱情が
私の偉大さを抑圧しようと企てなかったのなら［……］。
私の偉大さに私は十分満足している。
それらすべての意図は無益だ、お前の予想ははずれる。
野蛮人もお前も、私を服従させることはできないだろう。
私は今も今後も自由だ、私の名は、これからは
私の人民すべてを平和にするためのものとなるだろう。」

リシュリュー『ヨーロッパ』（一六四三年）

商売の
marchande

常套句は移ろいやすい現実を反映しているように思われるかもしれないが、ときとしてそれは強く長い生命力を持つ。それらのうちの一つは、誰もが世界の壮大な調和の中でしかるべき場所を得るためになすべきことをなしていると主張する。それぞれがそれぞれの仕事をすれば、人は大きなカテゴリーに分けられているだけに、世界はいっそう調子がよくなるだろう。こちらでは物を作り、あちらでは学び、向こうでは祈っている。それではヨーロッパは何をしているのだろう。もちろん商売だ。一言で言えば、ヨーロッパは大金の動く取引の場以外の何物でもない。

「万国博覧会は商品の宇宙を作り上げる。グランヴィルの空想的作品は、商品の性格を宇宙全体にまで与える。商品は宇宙を近代化する。土星の輪は鋳鉄製のバルコニーとなり、土星人たちは夕方そこへ外の空気を吸いに出る。この版画によるユートピアの文学版が、フーリエ主義を信奉する自然主義者トゥスネルの著作である。流行が儀式を規定し、物神である商品はその儀式にのっとって崇拝されることを望む。グランヴィルは流行の支配力を日用品から宇宙そのものにまで拡大する。彼は流行を極限まで追究し、その本質を発見する。流行は生きた肉体を有機体と対立している。流行は生きた肉体を無機物の世界に結びつける。流行は生きた肉体の上に死体の権利を行使する。無機物のセックスアピールに屈するフェティシズムは、流行の生命線である。商品崇拝はこのフェティシズムを利用する。

一八六七年にパリで開催された万国博覧会に際して、ヴィクトル・ユゴーは「ヨーロッパの諸国民に」と題する声明を発表した。ヨーロッパの諸国民の関心は、それ以前、最初は一八五一年、二回目は一八六二年にロンドン万国博覧会に派遣されたフランス労働者代表団によってすでにかなり明確に示されていた。この二回目の代表団はマルクスによる国際労働者協会の創設に間接的に貢献した。資本主義文明の夢幻的光景を最大限の輝かしさで並べ立てたのは、一八六七年の万国博覧会だった。帝国はそのとき権力の頂点にあった。パリは奢侈と流行の首都であることを宣言した。オフェンバッハはパリの生活にリズムを与えた。オペレッタはゆるぎない資本支配による皮肉なユートピアだった。」

ヴァルター・ベンヤミン『パリ、一九世紀の首都』（一九三〇年）

メランコリックな

mélancolique

かわいそうなヨーロッパ、本当に、いつも内なる悪魔に苛まれて！　ヨーロッパを癒すためには、あるいはそれが無理なら、十分に慰めるためには、何が必要なのだろう。それを見出す者はまさに大胆な者だろう。というのも誰もが知っているように、ヨーロッパは本質的にメランコリックなのだから。ヨーロッパの最も有名な物語がそのことを語り、ヨーロッパの最も名高い肖像がそのことを教えている。不幸なイカロス、理想に酔ってあまりに高く飛び立ち、太陽までの上昇は完璧な勝利どころか海への墜落でしかなかった。そしてキリスト教世界でのイカロスの分身であるルシファー、神の高みにまで達するのを恐れなかった彼は、その罰として深淵に突き落とされて終わった。最も偉大な神話のモデルたちを思い出そう。砂漠の中の聖アントワーヌ、森の中のトリスタン、実験室の中のファウスト、版画の中のデューラー、城の中のハムレット、ソナタの中のシューベルト、田舎のボヴァリー夫人、パリのボードレール、朦朧とした状態のキルケゴール、絵の中のキリコ……皆、もはや存在に耐えられないほど苦しんでいる。と同時に彼らが我々のヨーロッパ文化を作り上げた。いったい何の報いを受けなければならないのか。

「メランコリーはおそらく西洋文明が持っている最も独特なものだろう。神聖なものの衰退と、意識と神性との間に広がっていく隔たりから生まれ、多種多様な状況や活動によって屈折し反射するメランコリーは、この近代性の肉体の中にある棘であり、ギリシャ時代から絶えず生まれ続け、ノスタルジーや後悔、夢想から果てしなく漂い出てくる。メランコリーから、叫び、うめき、嘲笑、奇妙な歌、靄の中で揺らめく旗からなるこの長い行列が生まれ、我々のすべての世紀を通過して芸術を実らせ、狂気を撒き散らした。」

イヴ・ボヌフォワ、スタロバンスキー『メランコリーあるいは鏡』序文(一九八九年)

脅かされた
menacée

私たちヨーロッパ人はパラノイアなのだろうか。私たちの歴史の大部分は、私たちの大陸が侵略されるのを目の当たりにする恐怖の歴史として書かれることもできるだろう。脅威は確かに数多くあった。しかしすべてが外部から来たわけではなかった。私たちの被害者意識には、より漠然とした別の不安、迫り来る脅威への恐れから解放されて生きることは不可能なのだろうかという不安がこだまする。誰もが隠したままでいたいと望むものを明るみに出すためには、カリカチュアのようなものしかないのが常だ。「ジョン・ブルと友人たち」はヨーロッパを人間と動物で表した地図で、そこではどの国も、男や女たちが隣人に襲われている。トルコはマケドニアまで伸びてギリシャとルーマニアを脅かしている。オーストリア＝ハンガリー帝国はプロイセンとイタリアに向かってナイフを振りかざしている。フランスのマリアンヌはイギリスを擬人化したジョン・ブルと海を越えて一戦交えようとしているし、蛸であるロシアは四方八方に腕を伸ばしている。いったい誰が誰に対して脅威となっているのか。

フレッド・W・ローズ「ジョン・ブルと友人たち」（一九〇〇年）フランス国立図書館

メシアの

messianique

文明は、象徴的なものであろうと実際のものであろうと、何らかの任務に就くことを何より愛している。ああ、永遠のために働いているような感覚！　生きているうちに何か立派な仕事をやり遂げて、死後の己の栄光を築き上げるのだ！　もちろん空想の領域において、人はそれぞれ大きな夢を持っている。ある者は執拗に世界の憲兵になることを望み、他の者は世界を絶えず変革することを望む。ヨーロッパは万難を排して啓示の地になることを望んだ。ロマンティックな夢想だろうか。しかし、もしヨーロッパが大陸の最も古い願望の一つの表れであるとしたら。

「輝かしくも壮麗な時代が存在した。ヨーロッパが一つのキリスト教の地であり、人道的に作られ仕上げられたこの大陸全体が、一つのキリスト教徒たちの住まいであった。同一の大いなる関心が、この広大な宗教国の最も離れた地方同士をも結びつけていた。広大な世俗の帝国を有することなく、すべての強大な政治勢力を支配しそれらを統一する一つの最高権威が存在した。尤もなことだが、ローマ教皇は高邁な叡智から、神秘的な精神を犠牲にして人間の能力が過度に発展する軽率さ、例えば科学の分野における不都合で危険な発見に異を唱えた。［……］

キリスト教国は宗教改革に対してなす術がなかった。しかし新しい修道会が設立され、位階制度の瀕死の精神が最後の贈り物をそこに撒き散らしたようであったのは、ヨーロッパの旧体制にとっては大変幸運なことでもあった。この修道会は新しい力で古い伝統に再び道を開き、奇跡的な知性と強靭さを持って、さらに非常な賢明さで、教皇の支配とその権力の再建を引き受けた。世界史上いまだかつてこのような宗教団体が存在したことはない。世界制覇のどのような構想も、ローマの元老院によってさえも、これ以上の成功への確信を持って着想されたことはなかった。これほどの聡明さで、これほど大きな理念の実現が図られたことはなかった。イエズス会は、無限の発展と永遠の存続を組織全体が切望してやまないあらゆる宗教団体の永遠の規範として残るだろう。しかしこの宗教団体はまた、監視の目が行き届かない時代には、ただそれだけで最も知的で慎重な企てをむなしくするに十分であること、人類全体の抑えがたい発展は一部分の人工的な発展に勝るということの証拠として永遠に残るだろう。［……］

この宗教団体はさらに、いわゆる秘密結社の母として、当時は確かに未熟であったが、歴史的に重要な萌芽として注目に値するものとなるだろう。生まれつつあったルター主義は自分たちの前にこれ以上危険なライバルを見つけることができなかった。カトリックの信仰のあらゆる魔法はイエズス会の手によりさらに威信のあるものとなった。知的財産は再びその僧房の中で蓄積されることとなった。彼らはヨーロッパにおいて失われたものを、別の大陸で、東洋の果て、あるいは西洋の果てまで行って、あらゆる手を尽くして奪い返し、また使徒の尊厳を取り戻し、さらにそれを強調した。彼らは随所に学校を建て、告解室へ急ぎ、説教壇に上がり、印刷物を配り続け、詩人、哲学者、公使、殉教者となった。ヨーロッパを越え、アメリカから中国までの広大な範囲に渡って、彼らは彼らの教義と活動との驚異的な一貫性を保ち続けた。」

ノヴァーリス『キリスト教世界、またはヨーロッパ』（一八〇〇年）

死んだ

morte

ヨーロッパは死を忌み嫌い、死を隠すためなら何でもしたとよく言われる。必要な場合には宗教を発明し、神話の様々な彩りで死を玉虫色に飾り立て、演説で死を払い除けようとした。死はヨーロッパにとって絶対に容認し難いものなのだろうか。それでも我慢して死を受け入れていかなければならない。死を崇めようが、死の猥褻さを呪おうが、人は死を恐れている。しかしそんなことは少し深く考えてみれば、まだ何でもないことだ。ヨーロッパがこれほど熱心に死を避けようとするとき、ヨーロッパが逃れようとしているのは自分自身である。死はヨーロッパの影である。シャミッソーが描いたペーター・シュレミールが自分の分身につきまとうように、死はヨーロッパにつきまとう。ヨーロッパがこれほど死を恐れるのは、おそらく別の恐怖を隠すためだ。つまり死、それはヨーロッパであるということを。

「科学技術の盲従に身を委ねた現代の西洋社会において、人間は自分たちが属しているこの社会、しかし今後は人間の条件を放棄しなければ溶け込むことのできないこの社会から、少しずつ排除されている。我々は非人間化され、機械に隷属する生活様式を選んだ。この非人間化の最初の兆候は人間の軽視である。現代の人間は、同胞たち、さらには自分自身も置き換え可能な要素であることを知っている。これはおそらく人間の歴史上最も暗澹とした時代だ。極めて深刻なことだ。人間は、もはやヨーロッパとは何の関係もない。我々の文化は消滅してしまったのだ。我々の文化は三つの長所を備えていた。ギリシャ人の習慣を受け継いで美を愛し尊重し、ローマ人の習慣を受け継いで正義を愛し尊重し、ずっと後に、非常な困難を伴ってキリスト教徒の習慣を受け継いで人間を愛し尊重した。我々の西洋文化がそうであったものに発展することができたのは、美、正義、人間の三つの象徴を尊重することによってであった。今我々の文化は、その遺産の最も貴重な部分を失ったところである。この愛と尊重なくしては、西洋文化はもはや存在しない。それは死んだのだ。それは二五時である。ヨーロッパ文明の死期。」

ビルジル・ゲオルギュ『二五時』（一九五〇年）

中世の

moyen-âgeuse

ヨーロッパに関する紋切型で、先祖伝来の懐古趣味にこと寄せ、ヨーロッパをすぐれて歴史的な大陸とする考え方ほどもてはやされたものはないだろう。ヨーロッパにおいてはすべてが歴史である。というのもヨーロッパは歴史を神聖化しているから。何にも触れてはならない。永遠性に向けて、すべてがすぐさま保護され、修復され、美化される。少なくともユネスコの世界遺産に分類されることが可能なくらいの永遠性。つまりヨーロッパはまだ中世を生きているのだ。西洋と東洋の対立を中世の最後の激動と解釈している人々を信じるなら、ヨーロッパはまだ封建制の時代でぐずぐずしているのだ。ヨーロッパ以外の人々にとってヨーロッパ人とは、シャルトルやアーヘンやカンタベリーからやって来た遺産の厄介な重みで前へと進むことを阻まれている病人なのだ。私たちは中世を忘れて先に進むことはできないのだろうか。『新しき中世。ロシアとヨーロッパについての考察』（一九二七年）の著者であるベルジャーエフによれば、とてもそのような見込みはないらしい。ホイジンガは『文明の危機』（一九三七年）において、その点については曖昧なままである。いいだろう。それでは中世の人間は、いったいどんな風にヨーロッパを思い浮かべることができたのだろう。それを言うことがで

きるのは大変な物知りだろう。ちょっとだけ、中世の人間がヨーロッパを審判にかけたと想像してみよう。本当に驚くべきことだが、古代ニンフの姿（今や後光が差した）で描かれ、ゼウス（今や霊魂を冥界に導く神となった）に運ばれて、天上界への通過儀礼である道をひた走るエウロペが見つかるのだ。これらのすばらしい人物像に、私たちは今でも自分たちの姿を認めることができるだろうか。

ニコロ・エ・ジョヴァンニ「最後の審判」（一二五〇年）ヴァチカン美術館

モーツァルトの

mozartienne

モーツァルト、あらゆる時代を通して選ばれたヨーロッパ人。ヨーロッパの人間といったら、それはモーツァルトだ。ヨーロッパの人間をたった一人しか残せないとしたら、それは間違いなくモーツァルトだ。ヨーロッパ文化を最も象徴する人間。確かにベートーヴェンは第九交響曲の最後の楽章を書き、それはその後ヨーロッパ大陸の讃歌となった。しかし「歓喜の歌」を、その超人的な、神々しくさえある平和と博愛への意志の中にヨーロッパが自らを重ね合わせたいと望む歌に変えたのは、後世の人々なのだ。モーツァルト、彼の音楽こそ本質的にヨーロッパの音楽だ。彼という創造者を通して、ヨーロッパが歌うのだ。「快楽に満ちた社会が失われつつある危機に瀕したこのヨーロッパで、モーツァルトは理想的と言える場所、幻想と現実が出会い、ぶつかり、同じ視線で捉えられる場所を占めていた。モーツァルトはどこにあっても、社会全体が映し出される鏡であった」とイヴ・ボヌフォワは『デッサン、色、光』の中で述べている。神々の芸術である音楽は、まさに天才たちを生み出すことができる。この点で音楽はまた一段と力を発揮した。モーツァルト、奇跡の音楽、それはヨーロッパ精神の最も純粋な表現、要、精髄なのだ。モーツァルトを称えるとき、ヨーロッパが称えているのは自分自身だ。その絶対的な幸福。

「ヨーロッパは一七五六年、ザルツブルクにモーツァルトを誕生させるため、ヨーロッパの最良のものを凝縮したようだ。しかしモーツァルト自身五歳になるとすぐに、あちこちに散らばったヨーロッパ文明の精髄を心と記憶の中に集めるための旅を始めた。それは贅沢、式典、慣れ親しんだ巧みな様式の壮麗さの中に表れていた。目にし、経験したことすべてを、モーツァルトは彼の音楽の中に組み入れた。地中海は「コジ・ファン・トゥッテ」に、システィーナ礼拝堂の最後の審判は「レクイエム」に、ザルツブルクの夜は「セレナーデ」に。モーツァルトはパリ、ロンドン、ブリュッセルを訪れ、アントウェルペンでルーベンスの「キリスト降架」を見て、ロンドンではヨハン・クリスティアン・バッハにイタリアオペラの手ほどきを受けた。モーツアルトの中に、もし見る目があるならば、啓蒙思想のヨーロッパのパノラマが展開するだろう。フランス革命が滅ぼすことになる、そしてモーツァルトの中でだけ生き延びるヨーロッパ。彼の音楽が世界中で最も若々しく、最も愛されているのはそのためなのだ。」

アンドレ・チュブーフ『モーツァルト、道程と歌声』（一九九〇年）

神話の

mythique

神話の母であり、その地であるヨーロッパ。神話の作り手であり、その守り手であるヨーロッパ。ギリシャ神話、ローマ神話、ケルト神話、スカンジナビア神話、スラヴ神話……ヨーロッパ全体が凝縮され、表現されている神話的な場所、プラハ、ストラスブール、ヴェネチアについては言うまでもない。ヨーロッパには歴史と街がなくてはならない。ヨーロッパにおいてはすべてが神話のようだ。カルメンのことを思わずして、どうしてセビリアに行けよう。フィガロの家の窓の下を通らずして、どうしてウィーンを散歩できよう。レオポルド・ブルームの痕跡を辿らずして、どうしてダブリンの通りをぶらつけよう。もはやオリンポスの頂上に聳え立つ影を呼び起こしたり、私たち全員にとっての偉大な典型、ドン・ファンやファウストやマクベスなどの亡霊を追い回したりする必要さえない。ヨーロッパでは私たちは神話の中で生きている。私たちの想像力は神話の博物館であり、私たちの知識は神話の図書館だ。「我々はヨーロッパの神話を創造し、ヨーロッパ神話学を作ることに没頭するときにしか、ヨーロッパを作り上げることはないだろう」とジュリアン・バンダは一九三三年に書いている。ゼウスによるエウロペ略奪の神話には、何か根源的なものがある。すべてがゼウスに由来

する。しかしながらこの場面をもう少し注意深く眺めるとき、私たちのヨーロッパに対する集団的無意識を決定するほどのものを、ここに見出すことができるだろうか。

「エウロペとゼウス」（紀元前一世紀）ナポリ国立考古学博物館ポンペイ遺跡コレクション

ナポレオンの

napoléonienne

歴史は繰り返すと認めるべきなのだろうか。ヨーロッパの使命とするのにふさわしいと思うことを称える段になるといつも、ヨーロッパは前方にジュピターのような威圧的な一人の皇帝の顔を振りかざした。そしてどうせこのような権威主義にすがらなければならないのなら、大陸全体を自分の周りに統合することができる皇帝のイメージを徹底的に呼び集めた。アレクサンドロス、アウグストゥス、カール大帝、カール五世がこの胸像陳列室で上席に鎮座している。しかし近代ヨーロッパはどこから来たのか。そしてヨーロッパを体現する皇帝として誰が採用されたのか。ナポレオンだ、言うまでもない……おまけにヘーゲルから真っ先に哲学的祝福を受けた。全く模範的だ！「ボナパルトは、ヨーロッパとともに行動する、海賊が奪い取った

「船とともに行動するように」とトルストイの『戦争と平和』（一八六九年）の登場人物は叫ぶ。ほらここに、ボナパルトが、ヨーロッパを舞台に寓話的に描かれている。残虐非道な感情に突き動かされ、短剣と斧を振り回している。やっとのことで彼を抑えているのは多分タレーランだ。いくつものヨーロッパの国がすでに血を抜かれている。豚であるオランダ、ロバであるスイス、犬小屋で肥育されている囚われのプロイセン、ソーセージのようにされたドイツ、檻に入れられた小動物であるローマ。コルシカの肉屋にとってはロシアを打ち負かしさえすればいい。熊であるロシアは危険をものともせず肉屋の店先に顔を出している。牡牛であるイギリスは自分の島の上で鳴いている。ひとつのカリカチュアは、ときには長ったらしい話より優れている。

ジェームス・ジルレイ「コルシカの肉屋の決着日」マルメゾン城美術館

ノイローゼの

névrosée

この世の楽園がなかなか発見されなくても、少なくともこの世の幸福が詩人たちを歌わせ、理論家たちを思索させ、指導者たちを困惑させ続ける場所が存在する。ヨーロッパだ。このことは了解済みだ。いろいろと非難されるあらゆる欠点にもかかわらず、結局ヨーロッパは世界になくてはならない場所なのだ。奇妙な約束された土地！　そこでは人は自分が世界で最も幸福であると信じ、そう言い、そう望み、また同時に予想に反して自分が最も不幸な生活を送っていることを認める。完全な至福に浸っているときに、人は幸福に思いを巡らしたりするだろうか。フロイトは人に押しつけるほど自分はもはや「ナルシシズムの傷」を持ってはいなかったが、このエデンの園であるヨーロッパという紋切型の思想を根絶した最初の一人である。ヨーロッパの人間が苦しんでいるのは自分が絶頂に達したと思っているからであると、精神分析の父は結論づけている。幸福だという思い上がりには用心しなければならない。

「我々が悲惨であることの責任の大部分は、いわゆる我々の文化が負うべきだ。［まず］異教に対してキリスト教が勝利を収めた際、この文明敵視の要素が関係したに違いない。というのもこの要素は、キリスト教の教えである地上の生の軽視と緊密に結びついていたからだ。［次に］探検旅行が広まって未開の人種や民族との接触が可能になったとき、ヨーロッパ人は十分な観察や彼らの慣習やしきたりへの理解が欠けていたために、未開人は彼らを観察した文明人である探検家たちにはもはや手の届かない、単純素朴で幸福な生活を営んでいると想像した。［最後に］文明人が得たささやかな幸福さえ根底から破壊してしまうノイローゼのメカニズムが解明されたとき、最も深刻な歴史的状況が生じた。ノイローゼになるのは、文化的な理想達成のために強要される禁欲の度合に耐えられないからなのだ。［要するに］我々は現在の我々の文明の中で快適であるとは感じていないらしい。我々のヨーロッパ文明はそれが我々に示しているように発展の頂点に達した。［そして］まさにそれ故我々は現在の我々の文明を、我々を幸福にするための生命の指令を不十分にしか実現していないと非難するのだ。」

フロイト『文化への不満』（一九二九年）

ニヒリストの
nihiliste

ヨーロッパはヨーロッパが発明したおびただしい信念と、ヨーロッパが打ち立てた比類ない豊かな価値によって最も輝いた。ともかくそんなふうに言われている。ヨーロッパ人は自分が信じていると信じるのが好きだ。本当に自分がそのような信念を持っているのか、自分はそれらの信念と完全に一致しているのかどうかを自らに問うまでは。ポール・ヴェーヌはある日皮肉たっぷりに問いかけた。『ギリシャ人は彼らの神話を信じたか』（一九八三年）。しかし同じ疑惑を私たち自身にも投げかけることができるだろう。そもそも、ヨーロッパを信じると言うとき、私たちは何を信じているのだろうか。おそらくすべてを、そしてまた何も。皮肉なタッチは、苦痛を与えることはないだろう。

「我々がそうであるこうした良きヨーロッパ人、祖国を持つ人間たちと我々ヨーロッパ人を区別するものは何だろうか。

第一に我々は無神論者で反道徳主義者だが、しかし我々はまず群集の本能である宗教と道徳を支持する。というのもそれらによって、いつか我々の手の中に落ちるはずの、我々の手を強く求めるはずの種類の人間が作られるからだ。

善悪を越えて、我々は群集の道徳の無条件の遵守を願う。

我々は教える必要のある幾種類もの哲学を確保しておく。事情によっては、鉄槌として、ペシミズムの哲学も。ヨーロッパ的仏教もおそらく欠かせないだろう。我々は民主主義の発展と成熟を支持するだろう。それは意志の弱さを育て上げるからである。」

ニーチェ「ヨーロッパのニヒリズムの歴史」（一八八八年）

夜の

nocturne

ヨーロッパで私たちは昼を生きているのだろうか、それとも夜を生きているのだろうか。シェヘラザードとその『千夜一夜物語』を信じるなら、むしろ東洋を実存の夜の側に、そして西洋を太陽の側に位置づけることができるだろう。西洋は啓蒙の光と、理性あるいは啓示のあらゆる光線を引き寄せる。それこそ早とちりというものだ。西洋はまさに日が暮れるこの場所なのだ。あらゆるヨーロッパの神話は夜に起源を持っている。ヨーロッパは太古の昔から夜の教えに従った。シャルパンティエはヨーロッパに闇の教えを授け、シューマンとショパンは人間の夜の部分から最も気高い音楽を作り出し、オセロはついにはデスデモーナの闇に溶け込み、彼ら二人はヴェネチアの夜に消え去る。私たちの最も輝かしい魔法はワルプルギスのおびただしい夜から生まれ、レンブラントは夜の巡回のときに世界を照らすことに成功し、夜に、ボッシュは狂気の火事を引き起こし、カール・ダヴィッド・フリードリッヒは果てしない絶望に火をつけた。原初のヨーロッパのために、ヘシオドスは夜の女神に主要な神々すべてを生む力を託し、そしてその後は、私たちのすべての英雄たちが夜の果てへの限りない旅という探求を最後まで推し進めた。私たちのすべての夜の信者たち、月の下をさまよう騎士たちを思い出してみよう。ドン・キホーテとヘルメス、十字架の聖ヨハネとオイディプス、ピカソのミノタウロスとヤングの『夜』の逃亡者を。私たちのすべての孤独な夜の探検家たちを。ヨーロッパを蝕む隠された病には、フランス語に訳すにはあまりにも難しいこのドイツ語の名前がふさわしいだろう。Sehnsucht（憧憬）。この極めてヨーロッパ的なノスタルジー、この病は、ヨーロッパ人を蝕むと同時に活気づけている。

「彼らのノスタルジーは遠方を恋しがる病であり、ますます大きくなりながら決して到達できない光をまとった遠方を求めている。そしてそれは驚くべきことなのだ。なぜなら彼らは西洋の人間、すなわちそこには夜ではなくて光の扉があるかのように夕日の方へと視線を向けている人々なのだから。彼らは厳密に思考するから、あるいはただ単純に闇を恐れているから、あんなにも明るさに夢中になるのだろうか。この問題は未解決のままにしておこう。我々が知っているのは、彼らはいつも森の最も木々がまばらなところに住まいを選び、森を伐採して光が差し込む公園にするということだけだ。というのも彼らも茂みの涼しさは好きなのだが、しかし子供たちをあの不気味な闇から守らなければならないと言うのだ。」

ヘルマン・ブロッホ『夢遊の人々』（一九三一年）

世界のへそ
nombril du monde

偉大なる英知を持ち、自分たち自身に対する崇敬の念で一杯であった古代ギリシャ人は、地面の一点を定めて、そこにomphalos、すなわちへそという名を与えた。それがどこに位置するか、知っていたも同然だ。明らかに中央だ。以来大した進歩はない。「地球とノアの子どもたち」と題された一五世紀の彩色挿絵は、その紛れもない証拠を与えてくれる。ヨーロッパが常に自分の領土をへそが占める場所に定めるのを、阻むことができようか。東洋（上部に金の文字で書かれている）と西洋（下部）の間に、しかしまた北方（左）と南方（右）の間に描かれたこの地図は、古代のヨーロッパ神話からキリスト教のヤペテ伝説への移行を示している。このように世界が三分割されているのを見ることは、何も驚くべきことではない。創世記を信じるなら、方舟から出たノアの三人の子供たちは、父から世界全体を彼らの子孫で満たすように命じられた。方舟は、隣にいる白鳩とともにアララト山の頂上に見えている。ところで周知のように、三人の子供たちは平等に扱われたのではなかった。ノアはセムとヤペテにしか祝福を与えなかった。彼らはノアが酔っている間、彼の裸を覆い隠した。聖ヒエロニムスと聖アウグスティヌスによれば、また後の聖アンブロシウスや聖イシドロスによれば、ヤペ

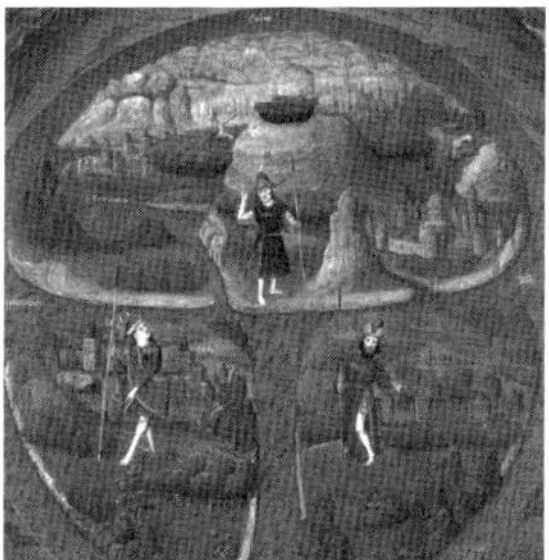

テはヨーロッパ人の父であり、彼の子孫たちはキリスト教会を代表するセムの領地まで勢力を拡大していくことになる。そういうことなのだ。ヨーロッパの人々は本当の神、すなわちキリスト教の神に改宗したのだ。世界の大舞台での役割を分担し、そして……最良のものを確保する術によって。

「地球とノアの子供たち」ジャン・マンセル『歴史の精華』挿画（一四五九年）ベルギー王立図書館

新しい
nouvelle

古いヨーロッパに決して絶望することもなく、新しいヨーロッパの到来を待ちわびることもなかった者がいるだろうか。私たち自身の気持ちを表現するのに、古い世界にけりをつけて新しい世界の秩序を迎え入れたいという願望ほどありきたりなものはないだろう。希望はおそらく郷愁よりも強い。いずれにせよヨーロッパの歴史は、このヨーロッパへの倦怠によって作られた。古いヨーロッパが終わったと思えるこの瞬間にこそ、新しいヨーロッパを目指したい。それが順番だ。過去（ギリシャ、ローマ、古代文明）と未来（西洋、世界同盟）の両方を向いた

横顔のようにヨーロッパの輪郭を描いた寓意的な詩は数えきれない。その姿が意味のあること
を述べているなら……

「ヨーロッパは両肘をついて横たわる。
そうだ、ヨーロッパは東洋から西洋まで横たわる、一点を見つめて。
ロマンティックな髪の房が落ちる、
思い出で一杯のギリシャの目の上に。

彼女の左肘は後ろの方へ動かされ、
右肘は曲げて置かれる。
イタリア、左肘が言う、左肘が伸びている場所、
イギリス、右肘が言う、脇腹の方に、
手が台座を作りに来て、顔がもたれかかる場所。
ヨーロッパは破滅をもたらすスフィンクスの視線で

西洋、過去の未来を見つめる。
一点を見つめるその顔はポルトガルだ。」

フェルナンド・ペソア『メッセージ』（一九三四年）

西洋の

occidentale

すべては相対的だ。ヘラクレイトスが主張したように二度と同じ河で泳げないのは、すべてが変化するからである。河は流れ、そしておそらくはその名前さえ変わる。泳ぎ手はと言えば、彼の気分や考えも様々に変化する。相対性理論が適用されるのは宇宙だとしても、一回きりの特例を設けて、その正当性を西洋の地に限って実証することもできるだろう。西洋では西洋という言葉を始めとして、すべてが常に変化しているのだから。そうなると西洋には何があるのか。ヨーロッパとは常に運動中の物質であり、ヨーロッパの言語は本質的に不変である静止を決して知ることはないのだろうか。すべては言葉の問題なのだ。誤解のないようにしておこう。

「人はよく知らないものに、よく知っているものの名と属性を与える。この説は詩的歴史学のもう一方のまなざしである詩的地理学において応用例を見出し、古代の地理学者たちの権威を拠りどころとして、古代の諸国民は異国の地に自国の都市や山や河や海峡や島や岬の名を与えたと主張する。我々に言わせれば地理学は古代ギリシャで生まれたのだ。ギリシャ人は古代世界に彼らの祖国の呼称と形態を割り当てた。ギリシャ人はすでに東方はアジアやインド、西方はヨーロッパやヘスペリア、北方はトラキアやスキュティア、南方はリビアやモーリタニアまで侵入していた。〔……〕

ギリシャの東方に位置する大きな半島は小アジアという名を得た。当時アジアという名は、今もその名で呼ばれている東方地域の大部分を指すようになっていたからである。アジアに対して西方に位置するギリシャは、牡牛に変身したゼウスによって略奪されたと考えられていたエウロペの名で呼ばれた。次にエウロペの名は西方の大洋まで広がる広大な大陸に与えられた。ギリシャ人はギリシャの西方地域、その地平線に宵の明星、すなわちヘスペロスの星が最初に現れるところをヘスペリアと名づけた。後に彼らはイタリアもまた西方にあることを発見し、それを《ヘスペリア・マグナ》と名づけた。最後に、同じ方位に位置していたスペインには《ヘスペリア・ウルティマ》という名を与えた。これとは反対に、イタリアに住むギリシャ人は、おそらく彼らにとっては東方の、海の向こうに位置するギリシャ本国をイオニアという名によって指し示したのだろう。イオニア海の名は実際双方のギリシャを隔てている海峡に残っている。さらにその後、本国のギリシャ人は小アジアの一部をイオニアと呼んだ。この地域は本国のギリシャ人にとって、イタリアのギリシャ人にとって彼ら自身が占めていた位置と似ている位置にあった。」

ジャンバッティスタ・ヴィーコ『詩的地理学』（一七二八年）

orgueilleuse

国民性を定義してみようなどと考える者はもうほとんどいない。グローバル化による気質の移ろいやすさや性格の変わりやすさが、それぞれの国民の特徴に決定的な判断を下すことを控えさせる。イギリス人の沈着さとスペイン人の名誉、ポルトガル人の悲哀とポーランド人の破滅、そして言うまでもないがチェコ人の勇気とイタリア人の歓喜を区別することを可能にする心理的属性など、もはや今日では思い出でしかない。結構なことだ。しかしながらヨーロッパは自分自身のイメージを作り上げるのを怠らなかった。どうせなら、実物以上に美しいイメージを、隠すのが困難な自己満足気味のタッチが自画像に表れてしまうのを拒むほどではないにしても。一六世紀のこの寓意的な地図「ヨーロッパ婦人」には、いかなる神秘も存在しない。場所として女性として、このヨーロッパはその華々しさで他を圧倒する。アジアとアフリカの間に、世界の女王であるかのように威圧的な立ち姿で描かれている。体の上から下まで、その魅力は数えきれない。頭は敬虔なカトリックの王たちの指導者であるスペインで、十字架が乗った王冠を戴いている。胸はガリアに帰属しており（当然だろう）、胴はゲルマニアという名で、ボヘミアに守られた素敵なへそを見せている。ドレスはハンガリーからギ

リシャ、ポーランドからブルガリア、リトアニアからスキュティアまで達している。右手はイタリアからシチリアまで伸びて、キリスト教の権力の象徴である球体を持っている。左手はデンマークからスコットランドまで達する杖を握っている。こちらには世俗権力、あちらには教会権力、あらゆるところに同じ高慢さが見られる。

「ヨーロッパ婦人」セバスティアン・ミュンスター『宇宙誌』版画挿絵（一四五五年）

セレスタ、ユマニスト図書館

忘れっぽい

oublieuse

深く根づいた一つの思い込みが、私たちを古いヨーロッパ人、思い出の住民にしたがる。その思い込みの通りなら、ヨーロッパは、よく使われるようになった表現によれば、広大な記憶の場として広がっているらしい。すべてが過去を思い出させ、そのうち発掘の対象にならないようなものは何もない。つまり私たちは全員考古学者であり、ミケーネ、ポンペイ、ストーンヘンジは、私たちの集団的無意識にとって何か礎のようなものを示している。消え去ったものすべて、そして私たちが忘却から救い出すものすべては、オーラをまとった神聖な価値を獲得する。『失われた時を求めて』のような小説を思いついたとき、プルーストはそのことをよく理解していた。それでも、もしそれらすべてがそう言われているにすぎないとしたら。外見に惑わされて、むしろ私たちはうっかりしているのではないのだろうか。ヨーロッパ精神の最も深いところには、存在の目も眩むような忘却があるのではないだろうか。

「もし新時代の人間が本質的なものに行き着くのに非常な困難を感じるとしたら、それは明らかに、その他の点に関して自分がすべてを知っているとは思っていないときでさえ、あまりに多くのことを知っているからだ。以前のものはすべて彼にとって過ぎ去った何かである。この状況において、以前のものはもはや歴史の元初とは感じられないので、どのような決定力も以前から発せられることはない。ところで元初は、我々自身が元初的かつ本質的に考えるところでのみ、元初として感じられるのである。元初によって、我々は西洋の歴史をその本質性において担い、しかもあらかじめ担っている根源的な諸決定を理解する。真理の本質が決定される方法は、何よりもまずこの本質的なものに属している。この真理の本質に照らして、西洋の人間は真実を求め、見出し、確信し、変貌させる。」

ハイデガー『根本諸概念』(一九四五年)

侮辱された

outragée

まさにたくましい女性だって? ヨーロッパが? ヨーロッパが力強い肖像画ばかり描かせていたと思ったら大間違いだ! ヘルダーリン風に言えば、世のなりゆきの非情さによって苦境にあった時代には、ヨーロッパは常に尊大であったわけでもないし、自分の弱さを隠すのに成功していたわけでもなかった。ヨーロッパは侮辱され、被った侮辱を忘れなかった。おそらく困難な立場にあった時期には、自分の傷を誇張するのを好みさえした。マックス・ベックマンの「エウロペの誘拐」では、この神話の暴力性は完全に政治的意味を持ち、怪異な場面は《自己弁護》の役を務める。この表現主義の美学の中では、茶色と黒の牡牛は怪物性の生硬な具象化、ナチズムの獣性の恐るべきイメージである。獣の背の上で体を曲げ呻いている白人の若い女性は、今にも死にそうだ。ヒトラーはヨーロッパの強姦者である。ピカソの「ゲルニカ」の中で、同じすさまじい暴力によって殺される動物たちは人間の身代わりである。哀れなヨーロッパ、犠牲へと導かれる無実の獣、悲劇の筋書きがそう望むままに……

マックス・ベックマン「エウロペの誘拐」（一九三三年）個人蔵

平和主義の

pacifiste

平和！　ヨーロッパが平和以外のことに思いを馳せたことがあっただろうか。平和の速やかな回復や、平和の到来のための条件や、平和が持続する可能性以外のことを。平和希求の歴史、平和のための計画と提案の歴史、またその失敗の歴史だけをもとにしてヨーロッパの歴史を書くことができるだろう。ヨーロッパの初期の条約はすべて平和の概念に結びついている。そしてあたかもこの夢が十分に大きくないかのように、夢が絶えず繰り返されることを望んだ。ボヘミア王イジ・ポジェブラト（一四五八〜一四七一）は『連合条約』を一四六四年にまとめ上げ、それが一つの「キリスト教国全体、この黄金の王国の平和を築き上げるための条約」となることを望んだ。アンリ四世の「大計画」は、一六一〇年に、「ヨーロッパ中で血が流される」のを避けるため「ヨーロッパ全体」をどのような方法で統一すべきかを説明したシュリーの政治プランと同様のものであった。一七一五年にライプニッツはアベ・ド・サン＝ピエールの『恒久平和計画』に関して彼の見解を発表し、熱烈な賛同の意を示した。一七五六年に今度はルソーが『恒久平和計画』を出版し、「ヨーロッパの全国民間の恒久的普遍的平和以上に、人間の精神を占めている偉大で美しく有益な計画はない」と断言してはばからなかった。ベンサムは『恒久的普遍的平和論』を一七八九年に出版し、カントも同じ時期に『恒久平和論』を出版している。彼らの後を継ぐ人々をすべて数え上げたらきりがない。ヨーロッパは平和以外の何も求めなかったようだが、誰がそれを信じるだろう。

「かつてドイツのすべての主権による一つの恒久的な社会の形成に十分であったのと同じ動機と手段は、今日の君主たちにも理解できるものであり、その権限内にある。そしてヨーロッパのあらゆるキリスト教国の主権によって一つの恒久的な社会を形成するのに十分であり得る。」

アベ・シャルル＝イレネ・カステル・ド・サン＝ピエール『恒久平和計画』（一七一三年）

「アベ・ド・サン＝ピエール氏が光栄にも私に送って下さった『恒久平和計画』［……］、私はそれを注意深く読み、このような計画はおおよそ実現可能なこと、その実現は世界で最も有益なことの一つであると確信した。」

ライプニッツ『アベ・ド・サン＝ピエール氏の恒久平和計画についての見解』（一七一五年）

楽園の

paradisiaque

地上の、あるいは天上の楽園を描いた中世の作品以上に魅力的なものを私たちは知っているだろうか。目に飛び込んでくるのは、塀に取り囲まれた庭、花や果物が散りばめられた芝、天使の楽隊の間をくねって流れる小川、幼子イエスを抱く聖処女マリア、跳ね回る小さな獣たち。このhortus conclusus（閉ざされし庭）はまた同時にlocus amoenus（心地よき場）なのだ。そしてヨーロッパが自らを飾り立てようと夢見たのは、これらの色彩によってなのだ。そこではすべてが秩序、美、豪奢、静寂であり、逸楽ではないにしても少なくとも安らぎがある。楽園ヨーロッパに対する千年に渡る幻想は、決して安らぎを放棄しなかった。安らぎなくしては、人間のあこがれの蒼穹に輝くべき最後の星、救済もあり得ないからではないだろうか。

「ある人が私に言った。あなたはヨーロッパ人だ。それで私はヨーロッパ人とは何かを考えてみた。あなたはその一人ですか。あなたは今日でもまだヨーロッパ人である、あるいは再びヨーロッパ人になる度胸がありますか。それはいつでもどこでも過去の支配下にある状態ではないですか。それはかつてのキリスト教国の希望ではないですか。おそらくあなたはドイツ、イタリア、スラヴのエッセンスが一つになった最後の真のヨーロッパ人ではないですか。」

ヤーコプ・ブルクハルト「フーゴ・フォン・ホーフマンスタールへの手紙」（一九二二年七月）

「ヨーロッパを求める千年の戦いがあり、ヨーロッパに委ねられた千年の使命があり、ヨーロッパへの千年の信仰がある。二つのローマ帝国の地に住まう我々―共通の運命と遺産を担うべく選ばれたドイツ人、スラヴ人、ラテン人である我々にとって、ヨーロッパはまことにこの惑星の基本的色調である。我々にとってヨーロッパは、雲が払われた空で星々が我々の頭上で再び瞬き始めるときのその星々の色である。」

フーゴ・フォン・ホーフマンスタール『ヨーロッパの概念』（一九一七年）

pauvre

⑨不幸なヨーロッパ！　涙をこれほど好きになるために、すべての不幸がヨーロッパに襲いかからなければならなかったのか、あるいは悲劇に秘められた快楽を知るために、恐ろしい宿命を作り出さなければならなかったのか。かわいそうに……私たちはヨーロッパに同情したいと思う、ヨーロッパに涙を流すとき、貪欲に慰めを求めて私たちが哀れんでいるのは自分自身だということを理解するそのときまでは。古代ギリシャのコロスから mater dolorosa（悲しみの聖母）まで、葬列からあらゆる霊廟まで、ヨーロッパの演出は示唆に富んでいる。哀れなヨーロッパ、実際その通りだ。ヨーロッパにとって社会の貧困も芸術の味気なさ同様見慣れたものとなった。豊饒の時代は私たちの背後にあり、私たちには力が欠けている。もはや神の慈悲にすがることを試みるしかない。

「現代にまで残っているアイスキュロス、ソフォクレス、エウリピデスのいくつかの壮大な断片は、すでに何世紀も前から、哀れなヨーロッパ人である我々の関心事であり、そしてさらに今後何世紀もの間、我々に多くのなすべきことを与えるほどの豊かさと影響力を持っている。［……］

その上年老いたヨーロッパ人である我々は、多かれ少なかれ健康が優れない。我々の生活環境はあまりにも人工的で複雑だ。我々の食物と我々の生活様式は健全な自然からあまりにもかけ離れ、我々の社会の交際は思いやりと温かみに欠けている。皆上品で礼儀正しいが、誰も嘘偽りのないありのままの姿でいる勇気を持たない。その結果、自然のままの性質と感情を備えた正直な人間は、我々の中で居心地が悪い。南の海の島で生まれたいわゆる自然児の一人にでもなって、少なくとも一度は、後味の悪い思いをせずに純正な人間らしい生活を味わってみたいと思うこともしばしばである。

意気消沈しているときに我々の時代の不幸を深く考えてみるのなら、ヨーロッパに最後の審判の日が訪れるのも遠くないと思われる。害悪は時代から時代へと増え続けるばかりだ！」

ゲーテ『エッカーマンとの対話』（一八二五年五月一日〜一八二八年三月一二日）

詩的な

poétique

ヨーロッパをより偉大にするには詩人たちが必要だ！　ローマの輝かしさを称えるため、アウグストゥスはウェルギリウスが必要だった。フィレンツェは、フィレンツェの栄光を称えるためにダンテを引き止めようとしなかった。しかしリスボンは、リスボンの偉大さを物語るカモンイスの仕事を軽んじることはなかった。崇められていようが呪われていようが、ヨーロッパにとって、詩人はなくてはならないものだった。少なくとも詩人には特別のオーラがあるとヨーロッパは考えていた。人々は詩人を完全には理解していなかったが、教養のない人間と思われないように、あるいは忘れ去られるのを恐れて、詩人なしで済ますことはできなかった。詩人はヨーロッパについて何を語ることができるのか。ヨーロッパは詩からどんな利益を得ることができるのか。私たち現代人にとって極めて明白なことは、ヨーロッパの現実を語ってくれる詩人なしでは済ませたくない（済ませられない）ということだ。リルケ、ロルカ、ダヌンツィオ、セフェリス、ホーフマンスタール、ヴァレリー、T・S・エリオット、W・B・イェイツ、皆過ぎ去った時代のためだけの保証人だ。ところでヨーロッパは、それほど詩的なものを持っているだろうか。

「言語の中でいくつかの言語が優位に立っているのなら、地理においても同様に考えることができないだろうか。いくつかの国はより見事な計画に沿って描かれ、湾や港によってよりよく切り込まれ、海と山によってよりよく区切られ、渓谷と川によってよりよく貫かれ、あえて言うならよりよく分節化されているが、つまりそのような国は、その国から引き出されるすべての自由な活動を成就することがより一層可能であると。我々の小さなヨーロッパを形も定かでない塊のアジアと比べるなら、ヨーロッパのほうがより活動に適していることは一目瞭然ではないだろうか。両大陸に共通な特徴においても、ヨーロッパが優位に立っている。どちらにも南部に三つの半島、スペインとアラビアのずんぐりとした四角、イタリアとヒンドスタンの山稜があり、北には大河、南には島がある。最後にこちらではギリシャと呼ばれ、あちらではインドシナと呼ばれる島々と半島の渦巻き。しかし悲しきアジアは大洋を、無限を見つめている。まだ存在しない大陸を南極の方に待ち望んでいるようだ。ヨーロッパから南に伸びている半島は、アフリカの方に差し出された腕である。一方北では、ヨーロッパは、たくましい闘技者のようにスカンジナビアとイギリスを腰に巻きつけている。ヨーロッパの頭部はフランスにあり、その足はアジアの肥沃で未開の地に埋もれている。このすばらしい体の上の、アルプスからピレネー、カルパティア、バルカン山脈へと伸びている力強い葉脈に注目したまえ。そして山と急流、岬と湾が織り成すコントラストの強い風景のギリシャ、あんなにも生き生きとあんなにも巧妙に強調された曲線や角度が作り出す多様なギリシャの、ほんの小さな驚異にも注目したまえ。ギリシャを、単調なエジプトの不動でまっすぐな線と向かい合わせて眺めてみたまえ。ギリシャは地図の上で揺れ動き、煌めいている。ギリシャこそ、絶えず変化する我々の西洋における真の可動性のシンボルである。」

ミシュレ『世界史入門』(一八六五年)

予言的な

prophétique

ヨーロッパにもはや戦争が存在しない日、国境が開放され、隣国の住民が同胞になるような、そんな日が来るだろう。すぐさま予言的なことを言ってみたくなる誘惑なくして、ヨーロッパを語ることができるだろうか。今ここで完璧でないのなら、ヨーロッパは後に、いつの日かよりよい未来に、完璧になるに違いない。予言はうまい口実となる。予言は短期間で実証される必要もない。幅広い支持を得ることができ、おまけに決して罰せられない。予言しない演説者がいるだろうか。ヨーロッパについての演説の一つでさえ予言なしで済ますことはできないだろう。

「一五世紀末までは、ヨーロッパのすべての国家は単一の国民を形成し、その政体と独立を脅かす外敵に備え、内部では平穏であった。ヨーロッパの隅々まで行き渡っていたローマ・カトリック教会の宗教はヨーロッパ社会の消極的な絆であり、ローマ聖職者団が積極的な絆であった。［……］ヨーロッパはいくつものより小さいアリストクラシー（階層序列的貴族制）に分かれた大アリストクラシーであり、すべての小アリストクラシーはこの大アリストクラシーに属し、その権勢、判断、判決に完全に従っていた。［後に］ルターは聖職者団の勢力を形成していたこの古い宗教的敬虔を揺るがすことによってヨーロッパ社会を解体した。

ヨーロッパ人の半分は教皇制の鎖から解放された。つまり彼らは自分たちを大きな社会に結びつけていた唯一の政治的絆を断ち切ったのである。［……］つまりヨーロッパは、かつては共通の制度によって結ばれた一つの連合的社会を形成し、各国の政府が個人に対してそうであるように、諸国民をその連合政府に従わせていた。このような状態こそが一切を再び正常な事態に戻し得る唯一の道である。［……］

ヨーロッパのすべての国の人々が、国家の利益ばかりを追い求める前に全体の利益の問題を解決すべきだと感じるときが必ずやって来るだろう。そのとき諸々の災禍は減少し、騒乱は収まり、戦争はなくなり始めるだろう。我々が絶えず目指しているところ、人間の精神の流れが我々を運んでいくのはそこである。詩人の想像力は黄金時代を人類の揺籃期、すなわち原始時代の無知と粗野のうちに位置づけた。そこに格下げされるべきはむしろ鉄の時代だろう。人類の黄金時代は我々の後ろにあるのではない、それは前方にある。それは社会秩序の完成の中にある。我々の祖先はそのことに全く気づかなかった。我々の子孫はいつの日かそこに到達するだろう。彼らにその道を切り開くのは我々なのである。」

クロード＝アンリ・ド・サン＝シモン『ヨーロッパ社会の再組織について』（一八一四年）

強力な

puissante

思いやりのない格言は、ある者たちの不幸は他の者たちの幸福であると言う。寛大さに欠けているが、また慎重さにも欠けている。なぜなら幸福と不幸は一緒に与えられるものだからだ。人間にはそうでないにしても、文明にはそうなのだ。そしてヨーロッパも、この規則から逃れられない。ヨーロッパの力となっているものは、また同時にヨーロッパの弱さでもあるのだ。フェニックスからサラマンドラまで、私たちに最も身近な神話のいくつかを検討してみるだけで十分だ。そこでは常に生は死と結びついている。最大限の豊かさを所有し最大限の権力を行使したいと望むとき、ヨーロッパは自分自身の欲望に服従している。あまりに大きな権力はヨーロッパを高めるどころか傷つける。シェークスピアとヴェルディの作品においてファルスタッフが賢明にも理解しているように、絶対的な権力の追求ほど避けなければならないものはない。放棄のみが解放する。慎ましさが救いをもたらすように。確かに負けた者には不幸が降りかかる。しかしさらにより大きな不幸が勝利者に降りかかる。妬みが決して勝利者をそっとしておいてはくれないだろうから。文明が文明の利益のためにのみ行動していると信じながら、不利益をもたらしているとは何という逆説！　しかしながら古代のストア学派の哲学者たちが、すでに私たちに警告していた。「少しのことを望むだけで満足することを知りなさい。そのとき真の喜びが意味を持つ。」ヨーロッパは何も聞こうとしなかった……

「ポーランドが採用すべき経済システムの選択は、その政体を修正する過程でポーランドが定める目的に左右される。もしあなた方が、騒々しく、華々しく、恐れられるものとなり、ヨーロッパの他の諸国民に影響力を持つことのみを望むのなら、あなた方には手本があるのだからそれを模倣すればいい。学術、芸術、通商、産業を育成し、正規軍、要塞、アカデミーを擁し、とりわけ金銭がよく流通し、それによって金銭が増加し、あなた方にたくさんの金銭をもたらす良い財政制度を定めなさい。国民を著しい依存状態にしておくために、金銭が必要不可欠なものとなるよう努めなさい。そしてそのために物質的贅沢と、それと不可分の精神的贅沢を煽りなさい。このやり方であなた方は、他の国民同様、陰謀家で激しい気性の、貪欲で野心家の、卑屈で抜け目のない国民、常に中間というものがなく、貧窮と富裕、放縦と隷属という両極端のどちらかにいる国民を作り上げるでしょう。けれどもあなた方の国はヨーロッパの列強の内に数えられ、あなた方はすべての政治組織に仲間入りし、すべての交渉で同盟を結ぶことを求められ、条約で関係ができることになるでしょう。ヨーロッパにはあなた方が巻き込まれる栄誉を得ないような戦争は一つも起こらないでしょう。もし幸運にもあなた方の願いが受け入れられれば、あなた方はあなた方の昔の領土に戻り、おそらく新たな領地を獲得し、それからピュロスあるいはロシア人のように、つまり子供のように言うかもしれません。『世界中が自分のものになったら、砂糖をたくさん食べよう』」

ジャン＝ジャック・ルソー『ポーランド統治論』（一七七二年）

人種差別主義の

raciste

立ち直るのが困難な恥辱、ほんのわずかでも良心があれば立ち直れない恥辱がある。人種差別主義はヨーロッパ思想の恥である。白色人種とかアーリア人種とか、奇妙な名前はどうでもいいが、純粋な人種への崇拝は教養のない人向けの宗教だ。いくつかの固定観念とは反対に、ヨーロッパは混血、混合、雑種であり、それは非常に幸運なことなのだ。きちんと分っている人はそのことを絶えず繰り返すが、彼らはそうすべきなのだ。ヨーロッパが人種論において道を誤るとき、ヨーロッパはもはやヨーロッパ的ではない。なぜならそうしてヨーロッパは、自分が真に何であるか知らないふりを（あるいは忘れたふりを）しているのだから。

「どうしてゴビノーは、偉大な文明は――エジプト、ギリシャ、イタリア、フランス、ドイツ、イギリス、スペインと、西洋についてしか語っていないとはいえ――非常に古い交雑の産物であり、周期的に一新されるということを悟らなかったのだろう。純粋なアーリア人の唯一の生き残りと見なされているヒンドゥークシュの山岳人たちは、精神の水準を高めるために、レヴァント地方の奴隷の息子であったらしいアイスキュロス以上のことをなし得ただろうか。ケルト人、ラテン人、リグリア人、ゲルマン人、アフリカ人の先祖から生まれたと思われるミケランジェロ以上のことをなし得ただろうか。母はユダヤ人で、父はケルティベリア人とアングロノルマン人の混血の出であるモンテーニュ以上のこと、あるいはドイツ系の母を持つラテン化したケルト人であるラシーヌ以上のこと、北欧人、地中海人、蒙古からの移民と山岳の穴居人の融合から生まれた短頭人であるパスカル以上のことをなし得ただろうか。東と南から往き来する大移動、リグリア人、ガリア人、ラテン人、ケルティベリア人、アフリカ人、シリア人によって形成された軍団、東洋や地中海からライン川流域やドナウ川支流に上ってきた遊牧民や蒙古人、黒人やレヴァント人が、何世紀も前から絶えずすれ違ってきたこの渦の中心から生まれたラインラントの人であるゲーテ以上のことを。イギリス人であると同時にケルト人、サクソン人、ノルマン人でもあるシェークスピア以上のこと、あるいはラテン人とイベリア人とバスク人の流れと、フェニキア人とユダヤ人とアラブ人に代表されるセム族の流れと、アフリカからの移民の黒人の流れが注ぎ込む渦であるセルバンテス以上のことを。［そして］カトリック教は、シリアやメソポタミアの奴隷たちによってレヴァントの港から、古代ローマの貧民窟であったスブラから、コーカサス人、シュメール人、アラブ人、タルタル人、黒人がひしめく東方のハーレムから、ギリシャのソフィストがエジプトの魔術師やユダヤ人のラビとすれ違うエロティックな集会の中から生まれ、そうしたことすべてがローマ支配の崩壊から逃れた何人かの筆生によって書き留められた。」

エリ・フォール「人種差別について」『破局的な瞑想』所収（一九三七年）

理性を備えた

raisonnable

ヨーロッパとその夢、ヨーロッパとその欲望、ヨーロッパとその狂気……いつになったら私たちはヨーロッパのことを分別のある人物について語るように語り始めるのだろうか。ルージュモンの著書のタイトルを借りるなら、生まれてから二八世紀も経っているのだから、ヨーロッパは大人として行動し考えるためのすべてを備えているだろうに。常に賢明であるのが無理だとしても、少なくとも努力して、分別の年齢に達した人なら誰でも備わっているとされるレベルの能力を示すことはできるだろうに。しかしさらに通念に反して、万一ヨーロッパが理性の原理そのものを体現しているとしたらどうだろう。私たちの文化の歴史全体は、その発展においてもその実現においても、理性の原理に従ってきたと考えることは可能だろうか。それこそヨーロッパに対してとんでもない信頼を示すことになるだろう。確かにこういった解釈には何かしら悲痛なもの、おそらく何かしら嫌味なものさえある。三〇年代にヨーロッパの中心で起こったあのがっかりさせる非合理主義の勝利を、ヨーロッパが書き落とすふりをするときには……

「思想におけるヨーロッパは出生地を持っている。それは紀元前七、六世紀の古代ギリシャ国家である。そこにおいて周辺の世界に対しての新しい独特の性向が目覚め、ギリシャ人はそれを哲学と名づけた。これが思想におけるヨーロッパの最初の現象である。[……]ヨーロッパ世界は理性の観念から、すなわち哲学の精神から生まれた。[……]
《ヨーロッパ》という現象がその本質的中心的核において理解されるために、それは今日の危機の本質ではないのであるから、ヨーロッパの概念は理性の無数の目標の中の歴史的究極目的として研究されなければならない。いかにしてヨーロッパ的宇宙が理性についての考察の中で、すなわち哲学の精神の中で生まれたかを示さなければならない。そうすれば危機は合理主義の明らかな失敗として解釈することができるだろう。ヨーロッパの存在の危機はたった二つの結末しか持たない。本来の意味で合理的生活とは無縁なものとなったヨーロッパの衰退、思想への憎悪と未開状態に向かう衰退か、あるいはついには自然主義の超越に至るヨーロッパの偉大な理性への復活。[というのも]ヨーロッパという理想によって調整されているこの社会全体において、哲学は指導的な役割と数多くの特別な任務を手放すことはないからだ。あらゆる理想と全体的な理想を、つまり規範のあらゆるシステムについて自由に普遍的に思索するという役割だ。従って哲学はヨーロッパの人間の中で、人類全体に対するその責任者としての役割を常に果たさなければならない。[……]
ヨーロッパを脅かす最大の脅威、それは無気力だ。《良きヨーロッパ人》として、この脅威の中の脅威と戦おう。そのとき、西洋の人間の使命にかける希望のすべてが燃え尽きる火の中から、重い無気力の灰の中から、新たな生き生きとした内在性と新たな精神性を持つフェニックスが蘇るだろう。」

フッサール『ヨーロッパ人の危機と哲学』（一九三五年）

宗教改革派の

réformée

ヨーロッパが投げかける謎の中で、とても解けそうにないものが一つある。人材の豊かさの一つの要因としてこの大陸の多様性を自慢する人たちは、また同時に大陸の分裂や分離や対立を残念がる人たちでもあることだ。例えば言語の多様性は、驚異的な万華鏡として理解すべきなのだろうか、あるいは反対に、見せしめの懲罰としてだろうか。一つの隠喩から別の隠喩へ、ヨーロッパは一つの交響曲だと言われもすれば、むしろバベルの塔だとも言われる。それでは宗教の多様性は？　ヨーロッパで真の世界教会運動が起こったのはほんの最近であるということに皆触れたがらない。しかしやむことのない vox populi（民の声）に耳を傾けるなら、異論の余地がないことを認めなければならない。宗教改革はヨーロッパを新しい道へ投げ込んだのだろうか、それともヨーロッパとともに、あらゆる相互理解の思想を崩壊させたのだろうか。統一の誘引か、あるいは分裂の要因か、それぞれがそこにそれぞれの原因を認めるだろう。

「今日フランスにおいて、ルターの性格と心情を誉めそやすことができるなどと誰が信じたがるだろう。ドイツ人のみが、ルターをドイツ人における最も偉大な人間とすればいいのだ。実際ルターはドイツ人にとって最も偉大な人間なのだろう。思想と教義に関しては、ボシュエがその神学論について言うべきことをすべて言っている。しかしこのドイツ人にとって偉大な人間は、フランス人にとってもギリシャ人にとっても偉大ではないし、偉大にもなれない。あの異様な四角い頭、あの醜いしかめ面、あの絶え間ない罵倒、あの当てにならないひらめき、あのドイツ的でないもの、自分とは異なるものすべてに対する憎悪、あの見下げ果てた思い上がり、あの常に自分を正しいとする妄想、鳥小屋の中にいる犀のような、あの侮辱と冒瀆のおぞましい才能、あの勝ち誇った野蛮人のあらゆる毒舌。ドイツ人がこの神を彼らの祭壇に祭り上げて讃美するなら、勝手にそうすればいい。彼らは彼のために、彼は彼らのために作られている。ロベスピエールは編物持参で立ち会った女性たちをギロチンから理性の殿堂へ導いた。ヒトラーは自分の五千万の熱狂的な国民をルターのテーブルに導くことができた。そこで彼は悪魔に憑かれたようにありとあらゆる悪態をついた。

確かにまれに見る偉大な人間だ。しかし嫌悪を催させる。見事な粘り強さ、彼は鉄でできている。一つの迷いもない。雪崩のように嘲り、呪う。彼はののしる、こきおろす。彼は自分と彼のいとしいドイツ人しか知らない。彼はドイツ人全員がすべてを奪うリーダーとすべてを奪われるがままの群衆となるように、ドイツ人を彼の名において一つにする。その上彼は見事にも彼らに一つの言語を与え、音楽の天才への道を開く。この偉大な人間は、偉大な人間が人類に愛されるに値する存在であってはならないことの証人である。この巨大な力は、巨人は常に怪物であることの証である。彼こそ、神は人間であり、絶対にキュクロプスにはならないことを知っている一人のタイタンなのだ。そしてダビデがそのことをゴリアテに感じさせたのなら、崇高なアイスキュロスはプロメテウスを作り出すことで、そのことをさらにより見事に示したのだ。」

アンドレ・スュアレス『ヨーロッパについての見解』（一九三九年）

共和制の

républicaine

ヨーロッパは一つの難問だ。最もやる気のある人々にとっては魅力的な難問、最も懐疑的な人々にとってはやる気をなくさせる難問。ヨーロッパを育むものがヨーロッパを破壊し、ヨーロッパを燃え立たせるものがヨーロッパを焼き尽くす。常に何かうまくいかないことがある。そもそもヨーロッパにおいてどうも具合が悪いのは、ヨーロッパに意味を認めることの困難さよりも、むしろヨーロッパに意味を見出そうとする私たちの意志のほうなのだ。私たちに非があるのだ、罪を認めよう。しかしながらそれだけでは十分ではないと言わなければならない。もうすこし検討してみたい。だから少なくともブヴァールとペキュシェ以来、ヨーロッパは共和制だという確信に関しては皆が一致していることを記しておこう。一八四八年、ヨーロッパの上に、諸国の共和国である世界共和国への希望の風が吹いた。よかろう、ヨーロッパはそれだけいっそうよく築かれることだろう。しかし諸国にもたらされたこの激変はそのまま二〇世紀のナショナリズムに行き着くことになるのであって、あれほど望まれていた統一にではない。少しばかり空疎な弁証法的曲芸、あるいは問題の永劫回帰とでも言おうか。

ソリューのリトグラフは、ベネデット・クローチェが『一九世

紀ヨーロッパの歴史』において主張している説をとても正確に描いている。すなわち、人が夢見ているときには、どんな偉大さも大歓迎だということを。

フレデリック・ソリュー「世界社会主義民主主義共和国」(一八四八年)パリ市写真資料館

夢見がちな

rêveuse

ヨーロッパではなんと人は夢を見るのが好きなことか! 長い時間夢を見て過ごし、入念に夢を解釈し、夢から現実を形作ろうとさえする! なぜヨーロッパは、これほどまでに夢の国なのだろうか。最古のヨーロッパのあらゆる肖像が夢想家として描かれている。世間で言われるところの理性の上に築かれた文明を疑い始めるのに、ネルヴァルやフロイトを待つこともない。ヨーロッパは夢から生まれた。覚醒状態から生じたのではない。相も変わらず、技術に導かれ科学に魅了された啓蒙主義がその源泉とされている純粋なデカルト主義文化への、実際あまりに安易な信仰を今こそ破棄すべきだ。他の大陸が眠りに落ちている間、目覚めていたのはヨーロッパだけだったのだろうか。ヨーロッパの目はたくさん眠った後でまだ重たい。紀元前二世紀、アレクサンドリア時代にアリスタルコスの弟子であるシチリアの詩人兼文献学者モスコスは、ヨーロッパを若く美しい眠る人として描いている。初めからヨーロッパは夢見ている。彼がヨーロッパに与えた寓意的な夢は、歴史の中でヨーロッパにつきまとうのを決してやめないだろう。

「フェニキアのまだ処女であるエウロペは、二つの大陸が彼女のことで争う夢を見た。二つの大陸とはアジア大陸とアジアと向かい合っている大陸だが、どちらも美しい堂々とした女性の姿をしていた。一人は外国人の外見をしていて、もう一人は土地の女性に似ていて、自分の娘であるかのように彼女を生み育てたのは自分だと言い張ってしきりに若いエウロペにつきまとった。しかしながら一方がたくましい手で彼女をつかみ、彼女が少しも抵抗できないままに彼女を連れて行った。女性は、エウロペは自分に与えられることになっていたのであり、それは盾を持つゼウスからの授かり物だと言った。」

シラクサのモスコス『エウロペ』（紀元前二世紀）

小説的な

romanesque

ヨーロッパは何かしらとても文学的なものではないだろうか。空想、虚構、夢想、何でもいいが、つまり小説家の思いつきのようなもの。今日、小説からの熱っぽい引用を伴わないヨーロッパ連合についての政治演説は一つもない。ここではトーマス・マンの機知に富んだ言葉、あそこではセルバンテスの文体、別なところではダヌンツィオの憶測、そして次はほんの少しのプルースト。これらすべてがひどくしゃれて見えるのだ。ソラルは二〇世紀のヨーロッパについての最も偉大な小説、アルベール・コーエンの『選ばれた女』（一九六八年）の中で、このことを大いにからかっている。ヨーロッパでは小説が好まれる。そもそもそれしか読まれない。リルケ、サン＝ジョン・ペルス、ウンガレッティなどには全く縁遠い。ヨーロッパはこんなにも小説的な何を持っているのだろう。小説のヒロインのように、ヨーロッパはものすごく魅力的なのだろう――少なくともジロドゥーは『ベラ』（一九二五年）でそう言っている。大の小説消費国であるヨーロッパは、自分の読者の鏡に自分自身を映し出す。何という実験的な企て！ ヨーロッパでは、すべてが消滅したとしても、小説を読みさえすればいい、消え失せた現実の思い出として、フロベール、マンゾーニ、あるいはリチャードソンのみならず、シュニッツラー、フォースター、ゴンブロヴィッチを。小説という鏡で、ヨーロッパは甘くも苦くもある自叙伝を読むように、読むことに専念する。たそがれの実験室にようこそ。

「ヨーロッパ。中世にはヨーロッパの統一は共通の宗教に基づいていた。近代になると宗教は文化に(文化的創造に)その地位を譲った。文化はヨーロッパ人がそれによって自分を認識し定義し識別する様々の至高の価値を実現するものとなった。ところで今日、今度は文化がその地位を譲った。しかし何に？　そして誰に？　ヨーロッパを統一できる至高の価値を実現できるのはどのような領域なのか。技術的偉業か。市場か。民主主義の理想と寛容の原則を掲げる政治か。しかしこの寛容、もしそれがもはやどのような豊かな創造も、どのような力強い思想も擁護しないとしたら、それはむなしく無用なものになるのではないか。あるいは文化の退位を、うっとりと身を委ねるべき一種の解放と理解することもできるのだろうか。私はただ、文化はすでに取って代わられたことを自分は知っていると思っているだけである。こうしてヨーロッパの自己同一性のイメージは過去へと遠ざかる。ヨーロッパ人、それはヨーロッパにノスタルジーを抱く人のことである。」

クンデラ『小説の精神』(一九八六年)

廃墟となった

ruinée

ヨーロッパが人類の破滅を本当に恐れていたのなら、考え得る最悪の不幸からなる生の見世物、悲劇というジャンルを考案することはなかったろう。ヨーロッパが歴史的な大惨事を本当に恐れていたのなら、諸民族によって諸民族間にもたらされた災害を延々と語る物語、叙事詩の文化を築くこともなかったろう。ソフォクレスには何と多くの背徳的な洗練があることか、ウェルギリウスには何と多くの恥ずべき愉悦があることか！ いったいヨーロッパは破滅を前にして喜ぶべき何を、危機に直面して有頂天になるべき何を持っているのだろうか。文化の文化そのものに逆らうこの喜びについては、全く説明されていない。何よりもそのような喜びが存在することと同じくらい驚くべきことだ。ヨーロッパは廃墟が気に入っている、自分自身の廃墟も含めて。フォロ・ロマーノの景観からは何という甘美なメランコリーが立ち上ることか、シチリアの遺跡発掘現場には何という尽きせぬ悲しみが漂うことか、ヴェルダンの補給路には何という陰気な安らぎが満ちていることか……廃墟が、最も現代的な創作活動においてまで、古い大陸の好みを刺激するのにふさわしい芸術作品に昇格するほどに。マックス・エルンストの「雨後のヨーロッパ」は、考えつく限りのあらゆる廃墟の超現実的な巨大

なフレスコ画——取り返しのつかないものの目録——として一九四二年に発表された。戦争という洪水の後の荒廃した世界では、すべてが破壊され、この石化した納骨堂の残骸の中ではもはや何も見分けられない、そこここに、骨になった牡牛と、荒廃した世界を眺めているような後ろ向きの女性以外には。廃墟の地となったヨーロッパ。

マックス・エルンスト「雨後のヨーロッパ」(一九四二年)ハートフォード、ワズウォース美術館

賢明な

sage

ヨーロッパの真実はどこにあるのか、それを握っていると思うことができるのは誰か。私たちの大陸の真実は賢明さであるという意見が長い間優勢であった。古代人の知恵や道徳的教訓の知恵、聖書の知恵や哲学者たちの知恵、学問の知恵や人文主義者たちの知恵……どの知恵を誇りに思ったらよいのか、はっきり分ってはいなかったが。かまうものか、ヨーロッパは二千年以上も自分が知恵の化身であると、より正確には女性の姿をした知恵であるという確信の中で生きてきた。表現の矛盾? それについて議論しているような場合ではない。しかしヨ

ーロッパは神の慈仁――女神アテネや聖母マリアの――を得るため頭上の知恵に助けを求める必要があるときにはいつも、一人の女性、私たちの偉大で賢明な母であるマリアの顔立ちをした知恵にすがったということだけは述べておこう。この知恵の外見には注意しなければならない、それは一つの罠、せいぜい紋切型でしかないのだから。紋切型には裏がある。その知恵の下に計略が隠され、天上的な穏やかさの後ろに嵐が眠っているのだ。一四七五年にリベラーレ・ダ・ヴェローナが描いた「エウロペの誘拐」ほど、このことを分りやすく説明しているものはない。右側にはフラ・アンジェリコやジョットの絵の中にでもいるような天使そっくりの清らかな微笑を浮かべるエウロペの仲間たちが、左側にはエウロペとゼウスのカップルが宮廷風の愛で結ばれた優しく抱き合う愛らしい恋人たちのように描かれ、うわべこそ優しさと知恵に満ちあふれているが、この絵はありとあらゆる手を尽くして深層を隠しているのだ。そしてこの深層がヨーロッパの真実なのだ。プラトニックあるいはキリスト教的な愛の牧歌的なアレゴリーを通して、中央に物語の意味が透けて見える。その意味、それは知恵などではない。絵が苦労してそれを隠そうとしているように、絵がそれを昇華しようとしている

ように、反対にそれは欲望、度を越した言動、妄想なのだ。そうだ、ヨーロッパの最も賢明な精神はそのことを知っていた。アイスキュロスからエラスムス、ボッシュからゴヤ、彼らは私たちの現実の只中に狂気を置いた。エウロペは賢明な処女なのか、あるいは気が狂った処女なのか。

リベラーレ・ダ・ヴェローナ「エウロペの誘拐」(一四七五年)ルーヴル美術館

血を好む

sanguinaire

何ということだ！ ヨーロッパは血を好むなどと言われて、断じて黙ってはいられない。今ではもはやそうではない。まだときには、粗暴に、暴力的にさえなることもあるだろう、そうならざるを得ない場合には。だからといってそこに残虐さへの特別な好みを見るのは飛躍しすぎだ。トルストイが『戦争と平和』の中で思い切ってそうしたように、卵を割らなければオムレツが作れないのと同様、血を流さなければもはや歴史は作れないことを認めるのは、すでに行きすぎだろう。せいぜい私たちが受け入れることができるのは、『途方にくれたヨーロッパ』(一九二二年)の中のムージルの次の文章だ。なぜならこの文章が愉快であるからだが、それでも渋々そうするのだ。「ヨーロッパでは、人間は『純粋理性批判』を書くことも、また人食いの風習を実践することもできる。」何でも選択できると言われても……もうたくさんだ。人がそれを望もうと望むまいと、ヨーロッパは血を渇望し、そして抵抗する人は、勇敢ではあるが滑稽なドン・キホーテ的性格を誇示する。もしヨーロッパがヨーロッパの価値のため犠牲を捧げる用意があるのなら、その価値の代価はなんだろう。それに唯一匹敵するものだ、すなわち血の代償。

「戦争は野蛮で愚かで退化的行為。
なぜ再びヨーロッパで、この魂をなぎ倒す血みどろの突風と
この狂気の沙汰の攻撃が。
なぜ再び人は血に酔うのか。
戦争は我らに海の向こうのキリスト教の地の
膿とペスト、アッティラ王がその獰猛な軍隊によって
ヨーロッパにもたらした恐怖のめまい、
金目当ての一団、カルタゴの恨みを持ってくる。

それで？　世界中が戦争で、スペインだけが平和だ。
敬礼、おお！　ドン・キホーテ！　もしこの功績がおまえのものなら、
僕はおまえに敬意を表する。祝砲を！　スペインの平和に敬礼！
もしおまえが臆病ではなく、誇りと、
富を海と火に投げ捨てるこれらの人々に対する軽蔑なら、
ガリア人とゲルマン人、ラテン人とイギリス人が、
いつの日か清貧の神の祭壇の前で互いに兄弟と感じるために。」

マチャード「カスティーリャの野」（一九一四年）

主権を有する

souveraine

危険な暗礁のように恐れようと、あるいは頼みの綱とばかりに近づこうと、主権在民の問題は絶えず存在していたのであって、この問題にレルネのヒュドラを見るため、わざわざ今日の討論を待つこともなかった。この問題、つまりヒュドラの頭をここで断ち切っても、それはまた別なところに生えてくる。どうしたらいいのだろう。「炭焼きも一家の主」という格言に同意すればよいのか、あるいは一家の主と他の家の主を和解させるよう試みればよいのか。まずこの分野の専門家の意見を聞いてみよう。サン＝シモンは一八一五年にこう言っている。「ヨーロッパは可能な限りの最良の組織を持つことになるだろう、もしヨーロッパに含まれるそれぞれの国会によって統治されているすべての国が、そのそれぞれの国の政府の上に位置し、紛争を裁定する権限を有する一つの全体議会の主導を認めれば。」一つにまとまった主権と交換にそれぞれの主権をあきらめるか、あるいは他の独立を侵害しないためにそれぞれがそれぞれの独立を保つか、どちらが最も陳腐な常套句だろう。

「『恒久平和計画』の著者［アベ・ド・サン＝ピエール］は、君主たちに、来るべき紛争を平定するため、人類と同じくらい古い戦争への道に比べ新しい道である常設の機関による調停を選ぶことを勧めるとき、君主の立場を十分理解していない。彼は、独立性の特権、主権にとって不可欠な特権であり、最も豊かなヨーロッパの民が最も貧しいアフリカやアメリカの部族の長を羨むに違いないこの特権に、十分な注意を払わなかった。彼はこの特権の価値を十分検討しなかった、あるいは少なくとも彼は君主たちがこの特権に払う敬意に十分留意しなかった。民として生まれた彼は、王として考えるまで己を高めることができなかった。従って彼が王たちに、常設の調停機関の設立のため、独立性を、つまり君主の条件のうちで最も貴重で最も尊敬に値するものを放棄しないと調印できないような条項に調印するよう求めても、何も驚くには当たらない。」

トレヴー誌（一七一三年七月）

画一化された

standardisée

率直に述べよう。文明の画一化の脅威が説かれるとき、私たちの即座の反応はそれを非難することだが、しかしそれは他の国における場合だ。アリの巣のような社会、それは私たち向けの社会ではない。私たちはあまりにも個人主義者だ。その上皆が同じになることを受け入れるには、私たちはあまりにもヒューマニストだ。これが奇妙な点だ。ヨーロッパで私たちは皆、民主主義の理想を持ち出すのに、画一化された現実は拒絶する。実現不可能な使命？　私たちは何が何でも平等の権利を主張する。しかし私たちが同じ夢を共有し、同じものを望み、同じ絶対を渇望していると言われたら、大きな叫び声を上げる。ヨーロッパはつまり、ジラールとブルデューに同意したいのだ。ヨーロッパは、私たちのあらゆる欲望は模倣的であるとは思うが（私たちは皆同じものを欲しがる）、差異の原則は放棄しない（誰も自分の特性に非常に執着している）。他の文明が画一化すると、ヨーロッパはそれを哀れむ、そして容赦なくそれを愚弄する。ああ、日本人、アメリカ人……しかし自分たちを検討するとなると、話はそこまでだ、それ以上は決して進まない！

「国籍、我々の意見では、それは……それはヨーロッパです。それは他の皆と同じになるということです。つまり何事においてもいかなる個性も持たなくなるということです。それにまた自明のことですが、それがヨーロッパ的自由、ヨーロッパ的進歩なのです、いいですか、単なる進歩ではなくて、ヨーロッパ的進歩なのです。分りましたね、ヨーロッパ的です！自由もそうです、ヨーロッパ的自由です！［……］

そうです、確かにスイスには山があります、それにチロルでもそうです。しかしそれは特色を出します。それは欠点になります、汎ヨーロッパ的発展の障害となります。原則です、何よりも原則です！」

ドストエフスキー『スラヴ主義者、モンテネグロ人と西欧派。ごく最近の罵り合い』（一八六二年）

破滅型の

suicidaire

生命保存のための戦いが、ヨーロッパの原動力だと思われているのだろうか。ダーウィンの生存競争の学説は生物の領域ではおそらく価値があるだろうが、文明のようなより大きな有機体においては何の役にも立たない。いずれにせよ古典を再検討し、間違いを訂正すべきときである。文明の特性はたぶん築くのと同じくらい破壊することにある。ぜひとも生き延びること……それは表面しか見ようとしない者の過ちだ！　魂の不滅以外の不滅は存在しない。あらゆる生命と帝国は、はかない運命にある。そしてヨーロッパは、いつでも自ら退路を絶ってきた。なにか神秘的な力がヨーロッパを駆り立て、なにか危険なリビドーがヨーロッパを深淵に突き落とす。ヨーロッパはこの悪癖に押し流されるままだろう。瀕死の状態になって、もう手遅れになる日まで。

「最も豊かで、最も賢明で、絶大な力を持ち、すべての文明の中で我々の小さな天体を照らし出した唯一のものであると思われる文明の栄華の最中に、なぜヨーロッパ精神は、このような戦争の混乱の中に迷い込んでしまったのか。なぜヨーロッパ精神は、我々が抗議の声を上げているこの錯乱に至るまで道を踏み外し、苛立ち、そしてその手、その豊かさ、その権利、その倫理、失われたエデンの園の入り口に再び人間を導くことができるその進歩の精神の最も純粋な部分によって築き上げたすばらしい成果を、狂気の発作によって破壊したのか。以上が、我々の世代が格闘している恐ろしい問いである。ヨーロッパはまさしくこの問題を明白な形で、そして最終的に解決しなければならないだろう。というのもこれがあらゆる問題の中で最も深刻な問題だからだ。」

グリエルモ・フェレーロ『古くて新しいヨーロッパ』（一九一八年）

優れている

supérieure

富は貧困の恐怖から身を守る砦、恋の陶酔は束の間死を忘れること、力は病の不安に対する不確かな防具にすぎないことを知るために、偉大な心理学者である必要はない。いずれもむなしい防御手段だ。最も古いいくつかのヨーロッパ論は、また最も明快なヨーロッパ論でもある。それらは素直にはっきりと、ヨーロッパはヨーロッパ以外の世界よりも明らかに優れていると語っている。私たちは安心するためにしか拍手喝采しない。私たちはヨーロッパの優越性を本当に信じているのだろうか。それはまた別の問題だ。優越感の起源は、自分より強いものを見出す恐れの中に探さなければならないだろう。そうであるのはそうだと言う人だ。自分の優位を大声で言ったほうがいい。信用を与えるため、きっと優越感を手に入れられるだろうから。

「従って平和に関しても、戦争に関しても、ヨーロッパは完全に自立している。つまりヨーロッパは戦うにしても、土地を耕すにしても、都市を治めるにしても、無尽蔵の人間を蓄えているのだ。ヨーロッパの優れた点をもう一つ挙げれば、それは生活に欠かせない農産物、その最も上等のものを産出すること、また有用な鉱物もすべて産出することだ。同様にヨーロッパは大量の家畜も飼育している。ヨーロッパは高価な香料と宝石のみを外国から手に入れているが、これらは欠乏しようが、豊富であろうが、我々の生活の幸福に何もつけ加えない。」

ストラボン『ギリシャ・ローマ世界地誌』第二巻（一世紀）

シュルレアリストの
surréaliste

気が狂った、錯乱した、常軌を逸した……ヨーロッパの精神構造の変調についていろいろ聞こえてきただろう。しかしヨーロッパはそれほどまでに狂気に夢中なのだろうか、つまり夢と現実を混同しているのだろうか。シュルレアリスムの、と言う以外には形容できないもう一つの人生を作り出そうとしているのだろうか。すべてを燃やし、自分を蝕む悪を煙の中に投げ込みたいという欲求が定期的に起こる。ヨーロッパは決まって薪に火をつけ、燃え盛る炎の前で、堪えきれずに大喜びした。私たちは皆、ヨーロッパのシュルレアリストだ。危機的時期には、その後で呪われることになっても、大声で放火犯の到来を求める。シュルレアリストたちがヨーロッパ文化の基礎をなす思想からの離脱を宣言し、ヨーロッパ文化の火薬に火をつけることを望んだとき、彼らは言葉で火遊びをしたにすぎない。そのとき松明を持つ人がやって来たなら……

「あなた方にとって大切な文明、あなた方を片岩の中の化石のように型取ったこの文明を、我々は滅ぼす。西洋世界よ、おまえは死刑を宣告された。我々はヨーロッパの悲観論者だ。あなた方の恐怖である東洋が、ついにあなた方の声に応えるのだ。我々は行く先々で困乱と不安の芽を目覚めさせる。我々は精神の扇動者だ。動け、千の腕を持つインドよ、伝説の偉大なバラモン、今度はおまえだ、エジプトよ！　世界よ、蜂起せよ！　この地がこんなにも乾燥し、あらゆる火事に適しているのを見るがいい、まるで藁のようではないか！」

ルイ・アラゴン「マドリード会議」（一九二五年）

軽率な
tête en l'air

肩の上にちゃんと思慮深い頭が乗っていると信じているヨーロッパには申し訳ないが、その頭はむしろ空中に漂っているようだ。意識の第一人者と見なされることを望みすぎて、ヨーロッパはついには正気を失うほど、また同時に自分自身を見失うほど、我を忘れてしまう。ヨーロッパはあらゆることを考えている——最も重要なこと以外は。ヨーロッパは極めてささいな作戦にこだわり、盲目的になる。平和を保障し、自由を求め、幸福をもたらす方策について、誰がこれほどよく考えただろう。そして同時に、誰がこれほど、あらゆる戦争において判断を欠き、あらゆる反乱を武力で鎮圧し、常に破局に向かって突き進んだだろう。軽率と見なされるのは、自分を世界の脳髄だと信じているときであり、最も無責任であることが判明するのは、決定を急いでいるときである。

「船乗りの言葉などどうでもいい、
このひどい雹、
陽を曇らすこの嵐も
天が退屈していることの証明なだけ。
エウロペさまも愚か者のふりをして
恋人を牡牛に変えた。

貝殻の渦を丸くし、
それぞれの秘密の小道を
繊細な真珠層で飾りながら、
天の継ぎ目をきしませる。
あなたの心を決して引っかけないように
うまいことをがなりたてる奴なんかに。」

W・B・イェイツ「神に見放された狂女ジャンヌ」『詩集』所収（一九三三年）

芝居がかった

théâtrale

ヨーロッパには何かしら芝居がかったイメージがつきまとう。このことを否定する者はいないだろう。ヨーロッパは人目を引くこと、見事な立ち振る舞い、能弁を愛する。ヨーロッパの豪奢の誇示と典礼は、文化の演出ばかりか政治の演出でもあるのだ。ヴェルサイユでもウィーンでも、オペラにでも行くように人々は宮廷に集まった。今になっても、他国の人々の気持ちが傾くのはヨーロッパの最新技術よりはその物語やシンボルのほうである。ヨーロッパはある種の最先端の領域におけるノウ・ハウを輸出している。それは結構なことだ。しかし期待されているのはそんなことではない。ヨーロッパに求められているもの、それは華々しさ、大げさな言葉だ。人々はヨーロッパの声を聞きたがっている。ヨーロッパは世界のサラ・ベルナール、あるいはマリア・カラスだ。ドラマと喝采を常に追い求める気高くもはかなげなプリマドンナ。悲劇女優、喜劇女優、ヨーロッパは何というすばらしい女優であることか！　大根役者のふりをしていない間は……

「地図の中の、ヨーロッパという深く能弁な、原初の大陸のコンパクトな塊にふさわしいこの器官を観察するとき、それを言葉の器官と比較せずにはいられない。口腔はそこだ。舌はそこ、床と天井の反響の相互性の中にある。分割するための歯も欠けていないし、唇を捏ねるための粘土も、唾液も、喉頭も、駒の端から端まで張られた発声のための弦も欠けてはいない。人間が表現に至ったのはここである。人間が発音に、形式と様式に至ったのはここである。口に至ったのはここである。

同様に有意義なもう一つの比較は演劇、前もって準備され構想され修正される舞台との比較である。勾配が偶発事によって流れを起こすように、河が自分のために貯水池の水を引くように、舞台は行動を促す。白人種のすべての部族はそこで会う約束をし、それぞれの固有言語で、今日でも結論を出す準備ができていないと思われる自分たちの存在理由についての議論をそこで開始し、そこで議論を続ける。彼らは自分たちの足元に懇願、命令、取引で一杯の舞台を見つけた。そこでは砦がどのような場合でも権利の救援に立ちはだかり、貪欲さを失わせるほどの障害に出会うこともない！　我々に好都合な出会いをもたらすなんと多くの谷間があることか！　人間形成にとってこのような学習と育成と訓練の地形が見出されることは二度とないだろう。」

クローデル『ヨーロッパ』（一九四七年）

バベルの塔

tour de Babel

塔は私たちと神聖なものとの関係のメタファーだ。塔は天に向かってまっすぐそびえることもできるし、傾くこともできる。すべての塔が私たちに、私たちについて語る。ヨーロッパは他のどんな大陸よりも塔がそそり立っている。ロンドン塔からセビリアの塔まで、ピサの斜塔を通ってベレムの塔まで、ネールの塔からプラハ城の塔まで、様々なヨーロッパの塔を結ぶ道のりを辿りたくなるのが人情だ。私たちは急に塔巡りの旅を夢見始める。パリからエッフェルは、ベルリンのテレビ塔の建築家たち、バルセロナのサグラダ・ファミリアの建築家たちと対話するだろう。自分の塔の高みから、ジュリアン・ソレルは彼のメリザンドを見るだろう。しかしながらヨーロッパのシンボルとなるのに、いかなる塔もバベルの塔にはかなわない。バベルの塔にとっては、どこかで高層ビルが見栄を張って垂直に伸びるように、天高く伸びていくことなどもはや問題ではない。バベルの塔をもってして、ヨーロッパは、神聖なるものへ到達できるというような思想を葬るべきときを迎えた。オリンポス山や煉獄の山は、私たちの想像上の思い出だ。バベルの塔はもはや神へと向かう跳躍台ではなく、人間の傲慢さへの罰である。そして私たちはどのようにこの悪徳が罰せられたかを知っている。言語の多様性はある人々には私たちの大陸が授かった幸運のように思えたかもしれないが（ジョージ・スタイナー）、それはまたヨーロッパへの罰でもある。この大陸という塔の一つの階と別の階で、私たちは理解し合うこと、真に同じ言語を話すことができるのだろうか。

「総督の招待客たちは総督閣下夫妻自らによって正面観覧席の特別席まで案内され、一方エメラルド島の友という名で知られている外交団の一風変わった人々はその真正面に設置された観覧席を占めていた。こぞって出席した外国使臣は以下のような方々である。騎士団勲爵士バチバチ・ベニノベノネ、ムッシュー・ピエール＝ポール・プチテパタン、大滑稽家ヴラレクルミール・チレモラルドフ、荘重滑稽家レオポルド・ルドルフ・フォン・シュヴァンツエンバード＝ホーデンターレル、マーラ・ヴィラガ・キサスゾニ・プトラペスティ伯爵夫人、ハイラム・Y・ボンブースト、アタナトス・カラメロプーロス伯爵、セニョール・イダルゴ・カバレロ・ドン・ペカディロ・イ・パラブラス・イ・パテルノステル・デ・ラ・マロラ・デ・ラ・マラリア、オラフ・コッベルケッデルセン、ミンヘール・アス・ファン・ロイダム、チグナス・パン・パデリスキ、パタポン・プルフクストゥル・クラッチナブリチズィッチ、女郎屋支配人総裁ハンス・ヒューヒリ＝ストイエルリ氏、国立体育館博物館療養所及首吊所普通無給講師一般歴史特別教授博士クリークフリート・ユーバーアルゲマイン。」

ジョイス『ユリシーズ』（一九二二年）

統一された

unie

統一は力なりとしきりに繰り返すうちに、ヨーロッパはそう信じるようになった。すべては依然として力の用い方と、何を企てるための力なのかにかかっている。何をしても無駄だ。よい視力を持っているというでたらめの語源説の一つ（Europe はよいを意味する接頭辞 eu と視力を意味する語根の ops を持つ）とは反対に、ヨーロッパはおそらく自分が望んでいるほど遠くへ目を向けることができないのだから。短期的に見れば、ヨーロッパは統一を追い求め、少しずつそれを獲得している。より長期的に見ると、展望に迷いが表れている。何をするための統一か。演じるべき役割があるのか。どんな役割か言ってほしいものだ。追い求める勢いに流され、ヨーロッパは目的、その行程の究極目的を忘れている。打ち込むべき目標は何なのかを明確にすることから始めるべきだったのかもしれない。目的と手段が同じ一つのものでないのなら、つまり統合それ自体が目的でないのなら。母親のもとに子供たちが集まるような諸国民の結集。

ハインリッヒ・ブンティング「世界の女王である聖母マリアの姿をしたヨーロッパ」（一五八二年）
ドイツ歴史博物館

役に立つ

utile

時は過ぎ、時とともに私たちの思想は生まれ、そして死ぬ。ある思想にすがりつくことができると信じるや否や、その思想を弔わなければならない。ヨーロッパにおいてこのことは、次々と変わる政治体制と編成計画同様、私たちの幻想や表現にも当てはまる。近代性は、ヨーロッパはあまりにも均一的で中央集権主義でテクノクラート的であり、文明の模範として役立たなくなったという批判的な考えに立脚してきた。一つの紋切型は一つの思想と同じくらい古くなるのだ。このような紋切型は、ヨーロッパは統一することでその魂を失っていき、諸国家の特色に無頓着になっていくと主張していた。こんな恐れも時代遅れだ。前世紀をずっと震え上がらせていたというのに。しかしながらもし、いわゆるヨーロッパの均一化への恐れが、それによって起こる危険についての様々な言説も含めて、根拠のないものだったとしたら。もしこの問題がそのような形式で不適切に提示されていたのだとしたら。いずれにせよ多くの場合私たちのポスト・モダンは、ヨーロッパの最良の部分はグローバル化という圧縮機に抵抗するために私たちの差異を結び合わせようとする配慮の中にあると信じるほうを選ぶだろう。ヨーロッパは(再び)役に立つようになるのだろうか。

「ずっと以前からヨーロッパは世界の指揮者ではない。しかしそれはヨーロッパが自分の役目を演じ終え、もはや世界に対して語るべきことがないということではない。新しい任務がヨーロッパに与えられる。従ってその存在に新しい意味が与えられる。この任務は、暴力的な方法であろうがなかろうが、もはやヨーロッパ独自の宗教、文化、発見、権力を普及させることではない。それはもはや法治国家、民主主義、人権、正義とは何かを教えることではない。

もしヨーロッパが望むなら、ヨーロッパは何かより控えめな、しかしまたより有用なことができる。例えばヨーロッパ自らの例を挙げて、多数の非常に多様な国家が、どのようなアイデンティティも失うことなく、平和のうちに協力できるという証をもたらすことができる。

ヨーロッパは、私たちがそこで生きることができる地球を守ること、我々の後に来る世代のことを考えることが可能であることを示すことができる。また自分自身や自分の信条を否定することなしに、他の文化との共存が可能であることを主張することもできる。

しかしそれだけではない。もしヨーロッパが望むなら、ヨーロッパはさらに別の可能性を持っている。ヨーロッパはその最良の精神的伝統とその伝統の根源を思い出すこと、他の文化や文明の根源との共通点を探し求めることができる。そしてそのような可能性によって、同じひとつの大地で一緒に生きるために、共通の存在に重くのしかかる脅威にともに立ち向かうために、皆が従うことができるに違いない共通の最低限の精神的で道徳的なものを探し求めることができる。」

ヴァーツラフ・ハヴェル「アーヘンにおける演説」（一九九六年五月一五日）

ユートピアの
utopique

ヨーロッパが完璧であることを夢見るのは、ヨーロッパが不完全であるからなのだろうか。ヨーロッパは、ある日完全な状態に達すると、本気で信じているのだろうか。ヨーロッパの偉大な空想的社会主義者たちは、私たちの精神の希求を政治的用語に翻訳することしかしなかった。悪は避けられない、しかし改心を免除されている者は誰もいないし、誰もがよりよくなる能力を持っている。私たちの文明もまたそうなのだろうか。人は常に夢見ることができる。結局W・B・イェイツが書いたように「責任は空想の中で始まる」。それでは責任を負うことにしよう。ユートピアであるヨーロッパを夢見よう。

「サン＝ピエール氏のヨーロッパにおける恒久平和維持のための計画を読んで、目に浮かんだものがありました。ある墓地の《pax perpetua（永遠の安らぎ）》という銘句を思い出したのです。死者たちは全く戦わないのですから、その通りです。しかし生きている者たちは別な心持ちでいますし、しかも最も権力のある者たちが全く法廷に従っておりません。彼らが不服従の場合には、法廷の判決が彼らの金に関して執行されるように、こういった輩は全員保証金を支払うか、法廷の銀行に金を預けるべきでしょう。例えばフランスのある王は十億エキュ、イギリスのある王はそれ相当に支払うべきです。私は、この法廷をローマにこそ設置し、法王を裁判長にするのがいいと思います。しかし法王は初期のローマの司教たちに似ていなければならないでしょう。以上がサン＝ピエール神父の計画と同じくらい簡単に成功すると思われる計画です。しかし小説を書くことが許されているのに、どうして我々は、我々を黄金の世紀に連れ戻してくれる彼の空想を間違っていると思うのでしょうか。」

ライプニッツ「グリマレストへの手紙」（一七一五年）

年老いた

vieille

様々な国の歴史的運命に言及するとき、ヨーロッパの古さを新興国の若さと対比させることほど月並みなことはない。また哲学者が、様々な時代の神話、とりわけ永劫回帰の神話に頼ることほどありがちなことはない。ヨーロッパは多くの経験を積み、今は高齢だが、それでも若き日のような地位を取り戻すことを願っている――文明の復活への性懲りもない信仰。しかしヨーロッパの老化の原因は何なのか。ずれだ。こちらは多すぎて、あちらは十分でない。分裂が多すぎる。欲求と対象との、科学と精神との、個人の認識と集団の支配の。天秤の皿はアンバランスだ。そしてヨーロッパはずれている。

「私はあなたと同意見です。今の状態は長くは続かないでしょう。ヨーロッパの個人主義的ブルジョワ文明は滅びるでしょう、他のすべての文明が滅びたように。何によってでしょう？　私はそれを言うことができます。それは量に見合った軸となる質の向上がないままに、量が増大することによってです。人間の、物の、観念の、需要の、意志の増加によってです。強固にする力は同じリズムで成長しません。いつも偶然に任せています。そして遅れは日毎に大きくなっています。あらゆる文明において、この食い違いが非常に深刻になる日がやって来ます。その瞬間から文明は衰弱した生物のように脆くなり、そしてそれが崩壊するには一撃で十分なのです。」

ムージル『特性のない男』(一九三〇年〜一九四三年)

熱意あふれる

zélée

Z、ひどい文字だ。最後にやって来て、ここで、Aの文字から始まったすべての知識を要約し、結末をつけなければならない。紋切型を通したヨーロッパに関する知識とは何だろう。それは主としてアレゴリーについて、力によって誘惑された従順な女性のアレゴリーについての知識だ。しかし芸術はこのような紋切型とはひどくかけ離れた、自信たっぷりな、いったんライバルたちを制すれば専制君主として君臨するヨーロッパのイメージにもたじろぐことはなかった。熱意あふれる……とでも言おうか。少なくとも「エウロペの誘拐」というあまりにも不釣合いな題名を持つ、一七四七年のフランソワ・ブーシェの作品においてはそうである。図々しいほどいともたやすく欺かれたか弱い女性であるエウロペは、だまされることのない強い女性になっている。ここではゼウスは疲れたドン・ファンか、あるいは若い盛りのカサノヴァのようだ。放蕩者は神話を描いた場面の前面でいつまでも遊んでいるが、しかし忘れてはならない、これは帰途にある男なのだ。このエウロペをよく見てみよう。この美女の目鼻立ちは、宮廷では誰もが知っている人物、ポンパドゥール夫人のそれではないか！　しかし結局ここでは、誰が誰を誘拐しているのか。無頓着に寝そべっている牡牛。だらしないとは言わないが、まさに反芻動物だ。これが私たちのエウロペだ。大人しいマルチーズと遊んでいるかのように、綱の端につながれた自分の牡牛と遊んでいる……キッチュ？　とんでもない、政治の恐るべき表現だ。一七四五年から宮廷では皆、フランス王ルイ一五世の愛人が権力を文字通りその手につかんでいることを知っていた。サロンでそうしているように、ここでは皆、彼女の周りに円を描いて大人しく座ったままだ。なぜならこの絵はサロン、それも政治的サロンを描いているのだから。ここではエウロペは、力の限り熱心に神々の王を支配しているのだ。分り切ったことだ。王が統治するだけで満足しているとき、彼の代わりに君臨しているのは王の愛人なのである。

フランソワ・ブーシェ「エウロペの誘拐」（一七四七年）ルーヴル美術館

訳者あとがき

本書は二〇〇八年、Infolio éditions から出版された Pascal Dethurens による L'Europe de A à Z, Une petite encyclopédie illustrée des idées reçues sur l'Europe の翻訳です。引用文もすべてこの原本のフランス語から訳出しました。すでに日本語訳がある場合は参考にさせていただき、書名についてはそのまま使用しました。

原題が示すように本書はヨーロッパについてのみの百科事典、それもヨーロッパのイメージについての事典です。フランス語の Europe はヨーロッパであると同時にヨーロッパの語源となったギリシャ神話のエウロペでもあり、もちろん女性名詞です。従ってアルファベット順の項目の形容詞はすべて女性形になっています。それらの形容詞はスポットライトのようにヨーロッパを様々な角度から照らし出します。ヨーロッパはその都度異なる様相を見せます。どのような形容詞を冠してもそれにふさわしい面を差し出します。著者はそれら一つ一つを紹介しますが、そこには熱狂も心酔も讃嘆も、また謙譲も未練も悲観的態度も見られません。本書の目的は、無意識の願望でもあるようなヨーロッパに対する先入観、思い込みを再検討することで、ヨーロッパに積もった埃を少し取り除いてみようということなのですから。しかし「真の姿を覆い隠すほど堆積したヨーロッパについての決まり文句」が存在するということは、ヨーロッパの深さ、豊かさ、重さを証明していることに他なりません。ここで紹介されているだけでも、紀元前五世紀のヘロドトスの『歴史』から一九八六年のミラン・クンデラの『小説の精神』まで、紀元前六世紀の「アプリア式陶器大皿」から一九四二年のマックス・エルンストの「雨後のヨーロッパ」まで、様々な国籍と言語を持つ多くの作家、芸術家がヨーロッパを思い、語り、描いてきました。ヨーロッパについての概念の見直しより前に、ヨーロッパを見つめ続けたまなざしに圧倒されます。そして紋切型や先入観でさえ個々の歴史を背負った興味深いものであり、ヨーロッパに更なる煌めきを与えているのではないかとさえ思われます。

アルファベットの最後の文字Zにはzélée（熱意あふれる・献身的な）という形容詞が与えられています。皮肉な口調で語られてはいますが、この形容詞は事典を締めくくるにふさわしい言葉です。最後のページに手がかかるころ、私たちが感じるのはヨーロッパを求めヨーロッパに問いかけ続けてきた熱意であり、この持続する熱意こそが文化を作り上げてきたのだと思い至るのですから。そして芸術の愛好家、啓蒙思想家たちの擁護者、工芸の推進者、熱意を持って政治に介入し、フランス文化に献身的に尽くしたポンパドゥール夫人。文化と教養の象徴であるようなポンパドゥール夫人の姿で描かれたエウロペは、まさにヨーロッパとは文化であることを、その柔和な面立ちの中に主張しているのではないでしょうか。ヨーロッパ＝文化、この紋切型に戻ってきてしまっても、紋切型に真実は一つもないと言うことはできないでしょう。

日本語版の出版を許可してくださった著者のドゥテュランス教授とアンフォリオ社の責任者ドゥニ・ベルトレ (Denis Bertholet) 氏に深く感謝いたします。アンフォリオ社はローザンヌにあり、ジュネーヴ大学やローザンヌ大学と連携し学術書を出版しています。ベルトレ氏自身もジュネーヴ大学でヨーロッパ史の講義を担当しています。

日本語文献

ジョージ・スタイナー『真の存在』工藤政司訳　法政大学出版局
ヴィクトル・ユゴー『言行録』〔『ヴィクトル・ユゴー文学館』第九巻所収〕小潟昭夫、稲垣直樹訳　潮出版社
E・R・クルツィウス『ヨーロッパ文学評論集』川村二郎他訳　みすず書房
イタロ・ズヴェーヴォ『ゼーノの意識』〔『世界の文学1』所収〕清水三郎治訳　集英社
ヴォルテール『ルイ一四世の世紀』丸山熊雄訳　岩波書店
サミュエル・ハンチントン『文明の衝突』鈴木主税訳　集英社
ヘロドトス『歴史』松平千秋訳　岩波書店
フランツ・ファノン『地に呪われたる者』鈴木道彦、浦野衣子訳　みすず書房
ヒポクラテス『空気、水、場所について』〔『古い医術について』所収〕小川政恭訳　岩波書店
ゲーテ、シラー『往復書簡　ゲーテとシルレル』菊池榮一訳　櫻井書店
ウナムーノ『生の悲劇的感情』神吉敬三、佐々木孝訳　法政大学出版局
アンドレ・マルロー『征服者』沢田閏訳　中央公論社
ヘンリー・ジェイムズ『ヨーロッパ人』阿出川祐子訳　ぺりかん社
オルテガ・イ・ガセット『大衆の反逆』神吉敬三訳　筑摩書房

シュテファン・ツヴァイク『アモク』辻瑆訳　みすず書房
T・S・エリオット『伝統と個人の才能』安田章一郎訳　研究社
ポール・ヴァレリー『精神の危機』〔『ヴァリエテ』所収〕鈴木信太郎、佐藤正彰編集　人文書院
ヨーゼフ・ロート『果てしなき逃走』平田達治訳　岩波書店
ミシュレ『世界史入門』大野一道訳　藤原書店
ルイス・デ・カモンイス『ウズ・ルジアダス』池上岑夫訳　白水社
マルクス、エンゲルス『共産党宣言』マルクス＝レーニン主義研究所訳　大月書店
アンドレ・マルロー『西欧の誘惑』〔『世界の大思想』Ⅱ‐14所収〕松浪信三郎他訳　河出書房
O・シュペングラー『西洋の没落』村松正俊訳　五月書房
アリストテレス『政治学』山本光雄訳　岩波書店
フランツ・カフカ『城』辻瑆訳　中央公論社
トーマス・マン『非政治的人間の考察』前田敬作、山口知三訳　筑摩書房
ヴァルター・ベンヤミン『パリ、一九世紀の首都』〔『ベンヤミン・コレクション1』所収〕浅井健二郎編訳、久保哲司訳　筑摩書房
ノヴァーリス『キリスト教世界、またはヨーロッパ』〔『ノヴァーリス作品集』第三巻所収〕今泉文子訳　筑摩書房
ビルジル・ゲオルギュ『二五時』河盛好蔵訳　筑摩書房
フロイト『文化への不満』〔『フロイト著作集』第三巻所収〕高橋義孝他訳　人文書院
ニーチェ「ヨーロッパのニヒリズムの歴史」〔『権力への意志』所収〕原佑訳　理想社

ヘルマン・ブロッホ『夢遊の人々』菊盛英夫訳　中央公論社
ジャンバッティスタ・ヴィーコ『詩的地理学』〔『新しい学』所収〕　上村忠男訳　法政大学出版局
ハイデガー『根本諸概念』角忍他訳　創文社
フーゴ・フォン・ホーフマンスタール『ヨーロッパの概念』〔『ホーフマンスタール選集3』所収〕　富士川英郎他訳　河出書房新社
ゲーテ『エッカーマンとの対話』〔『ゲーテ対話の書』所収〕　神保光太郎訳　日本社
クロード＝アンリ・ド・ルーブロワ・サン＝シモン『ヨーロッパ社会の再組織について』〔『サン＝シモン著作集』第二巻所収〕　森博編訳　恒星社厚生閣
ジャン＝ジャック・ルソー『ポーランド統治論』〔『ルソー全集』第五巻所収〕　浜名優美他訳　白水社
ミラン・クンデラ『小説の精神』金井裕、浅野敏夫訳　法政大学出版局
ドストエフスキー『スラヴ主義者、モンテネグロ人と西欧派。ごく最近の罵り合い』〔『ドストエフスキー全集』第二十巻A所収〕　小沼文彦訳　筑摩書房
ストラボン『ギリシャ・ローマ世界地誌』飯尾都人訳　龍渓書舎
W・B・イェイツ『W・B・イェイツ全詩集』鈴木弘訳　北星堂書店
ジェイムズ・ジョイス『ユリシーズ』丸谷才一、永川玲二、高松雄一訳　集英社
ムージル『特性のない男』〔『ムージル著作集』第二巻所収〕　加藤二郎訳　松籟社

目次

colonialiste 植民地主義の

ギュスターヴ・モロー「エウロペの略奪」(1868年)
ギュスターヴ・モロー美術館

fédérale 連合の

ジャン・セネップ「人気オペレッタ」エコー・ド・パリ（1930年5月23日）

grecque ギリシャの

「エウロペとゼウス」アプリア式陶器大皿（紀元前６世紀）ウィーン美術史美術館

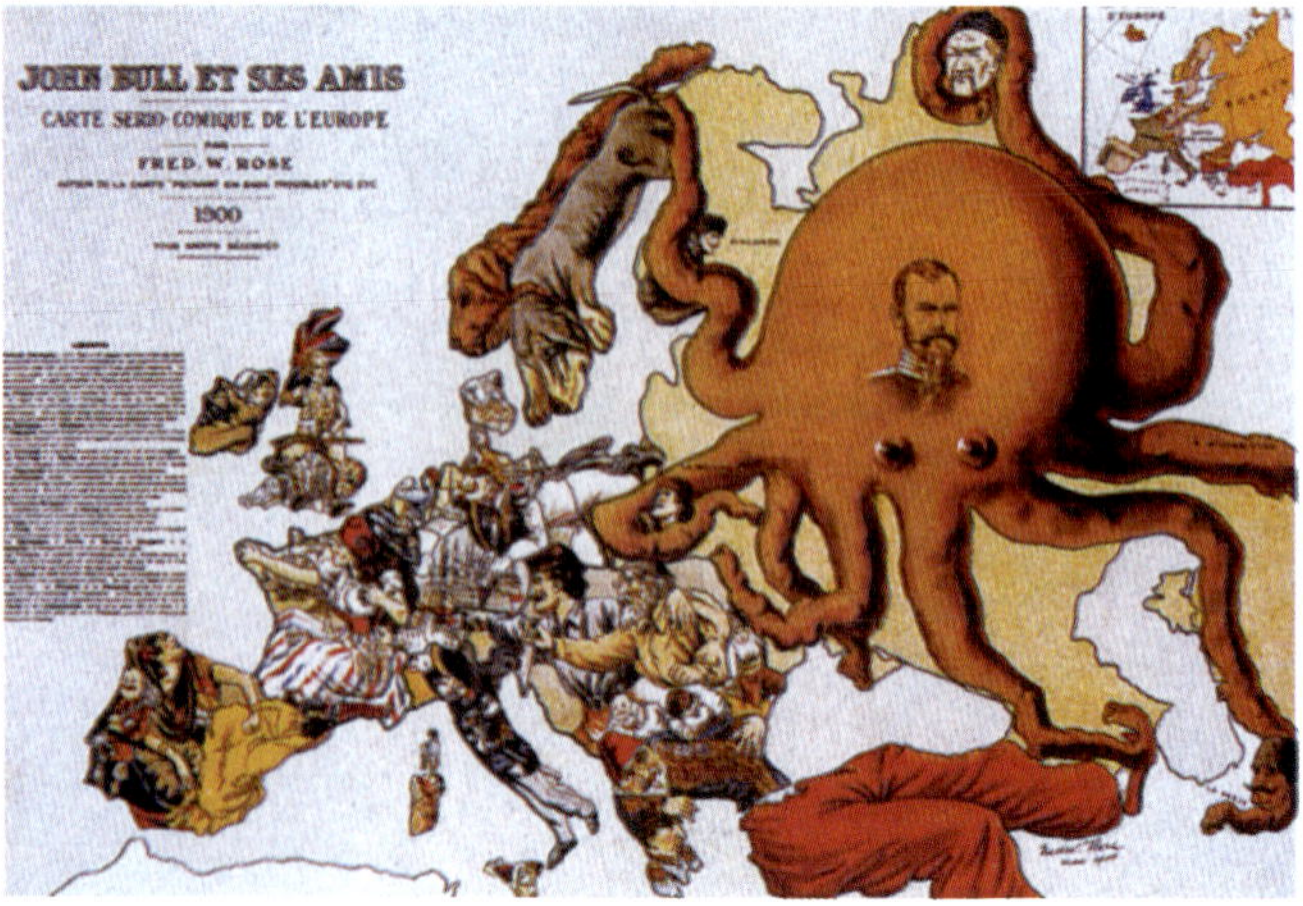

menacée 脅かされた

フレッド・W・ローズ「ジョン・ブルと友人たち」(1900年) フランス国立図書館

moyen-âgeuse 中世の

ニコロ・エ・ジョヴァンニ「最後の審判」(1250年) ヴァチカン美術館

mythique 神話の

「エウロペとゼウス」（紀元前１世紀）
ナポリ国立考古学博物館ポンペイ遺跡コレクション

napoléonienne ナポレオンの

ジェームス・ジルレイ「コルシカの肉屋の決着日」マルメゾン城美術館

nombril du monde 世界のへそ

「地球とノアの子供たち」ジャン・マンセル『歴史の精華』挿画（1459年）
ベルギー王立図書館

orgueilleuse 高慢な

「ヨーロッパ婦人」セバスティアン・ミュンスター『宇宙誌』版画挿絵（1455年）
セレスタ、ユマニスト図書館

outragée 侮辱された

マックス・ベックマン「エウロペの誘拐」(1933年) 個人蔵

républicaine 共和制の

フレデリック・ソリュー「世界社会主義民主主義共和国」(1848年) パリ市写真資料館

ruinée 廃墟となった

マックス・エルンスト「雨後のヨーロッパ」（1942年）
ハートフォード、ワズウォース美術館

sage 賢明な

リベラーレ・ダ・ヴェローナ「エウロペの誘拐」（1475年）ルーヴル美術館

unie 統一された

ハインリッヒ・ブンティング「世界の女王である聖母マリアの姿をしたヨーロッパ」
（1582年）　ドイツ歴史博物館

zélée 熱意あふれる

フランソワ・ブーシェ「エウロペの誘拐」（1747年）ルーヴル美術館

パスカル・ドゥテュランス（Pascal Dethurens）

1965年生まれ。パリ高等師範学校卒。ストラスブール大学文学部教授。同大学比較文学研究科長及び「文学のヨーロッパ」研究所長。『クローデル―モデルニテの到来―』（1996年）、『エクリチュールと文化―1918年～1950年のヨーロッパに生きた作家と哲学者―』（1997年）、『演劇と無限―1890～1940年のヨーロッパ戯曲における聖性の変貌―』（1999年）、『文学におけるヨーロッパ―精神の危機の時代における文学創造とヨーロッパ文化―』（2002年）、『トーマス・マン―意味の衰退―』（2003年）、『ペソア―絶対的作品―』（2006年）、『二十世紀における絵画と文学』（2007年）、『絵画を書く―ディドロからキニャールまで―』（2009年）など二十世紀ヨーロッパ文学に関する著書多数。

訳者―田中訓子（たなか・くにこ）

早稲田大学大学院修士課程修了。青山学院大学大学院博士課程単位取得満期退学。青山学院大学講師。フランシス・ポンジュ研究。
ジャン＝リュック・エニグ著『野菜と果物の文化誌―文学とエロティシズム―』（共訳、大修館書店）

ヨーロッパ紋切型小事典　―AからZの煌めき―

2011年7月10日　第1刷発行

著　者　パスカル・ドゥテュランス
訳　者　田中訓子
発行者　髙木　有
発行所　株式会社 作 品 社
〒102-0072 東京都千代田区飯田橋2-7-4
電　話　03-3262-9753
F A X　03-3262-9757
http://www.tssplaza.co.jp/sakuhinsha/
振　替　00160-3-27183

装幀・組版　長谷川周平
印刷・製本　シナノ印刷㈱

落丁・乱丁本はお取り替えいたします。
定価はカバー・帯に表示してあります。

ISBN978-4-86182-340-4 C0098